高利润
商业模式

熊德金◎著

中国商业出版社

图书在版编目（CIP）数据

高利润商业模式 / 熊德金著. -- 北京：中国商业出版社，2024.6
ISBN 978-7-5208-2914-4

Ⅰ.①高… Ⅱ.①熊… Ⅲ.①商业模式 Ⅳ.①F71

中国国家版本馆CIP数据核字(2024)第098261号

责任编辑：包晓嫱
策划编辑：佟　彤

中国商业出版社出版发行
（www.zgsycb.com　100053　北京广安门内报国寺1号）
总编室：010-63180647　　编辑室：010-83118925
发行部：010-83120835/8286
新华书店经销
香河县宏润印刷有限公司印刷

*

710毫米×1000毫米　16开　13.5印张　180千字
2024年6月第1版　2024年6月第1次印刷
定价：68.00元

****

（如有印装质量问题可更换）

序

高利润变现是一套再标准化流程

在商业世界里，我们常常听到这样一句话："一流的企业做标准。"这不仅是一句口号，更揭示了高利润模式的本质。那么，什么是高利润模式的本质？简而言之，它是在微利系统之外，通过创新和差异化战略，创立新的流程和标准。这种新标准不仅带来了利润，更在行业中树立了新的标杆，推动了整个产业链的升级。

在现代商业竞争中，单纯依靠产品或服务的价格优势已经不是长久之计，因为随着技术的普及和市场的发展，很快就会有新的竞争者进入，通过模仿或更低的成本来打破原有的价格体系。所以，企业要想在长期竞争中获得优势，就必须寻找一种更加持久和难以模仿的竞争优势。

这种竞争优势，在很大程度上来自企业所建立的标准。标准不仅是技术上的规定，还涉及企业的运营流程、产品质量控制、服务体验等多个方面。当企业在这些方面建立起自己的标准，并得到市场的认可后，就等于建立了自己的竞争优势，其他企业要想达到同样的标准，则需要付出更多的时间和资源。

企业能让自己的高利润模式得以长期有效的重要措施是实施差异化战略。差异化意味着企业在市场上找到了一个与众不同的定位，提供独特的产品或服务，从而满足消费者的特殊需求。这种差异化可以是产品的设计、品牌形象、服务体验等多个方面。当企业成功地实施了差异化战略后，就能在市场上获得更高的溢价，从而实现高利润。

然而，高利润模式的建立并非易事，需要企业在多个方面进行创新和变革。首先，企业需要有强大的盈利能力，不仅需要销售更多的产品或服务，更要不断提高自身的生产效率、降低生产成本、优化供应链等。其次，企业需要有出色的现金管理能力，必须合理规划和管理现金流，确保资金的有效利用和风险控制。再次，企业需要有稳健的偿债能力，能够按时偿还债务，保持良好的信用记录，避免财务风险。此外，企业还需要有高效的营运能力，包括企业的内部管理、人力资源、市场营销等多个方面。最后，企业需要有持续的成长能力，这要求企业不仅要在当前市场中保持领先地位，更要不断开拓新的市场和业务领域，实现持续的发展和增长。

综合上述分析可以得出结论：高利润模式的本质就是在微利系统之外创立新的流程和标准。这需要企业在多个方面进行创新和变革，包括盈利能力、现金管理能力、偿债能力、营运能力和成长能力等，是在差异化战略基础上的再标准化。只有将这些能力组合起来进行再设计、再平衡，企业才能真正实现高利润模式，并在长期竞争中保持领先地位。

为了实现这一目标，企业需要不断进行自我超越和突破，不断学习和探索新的商业机会和模式，不断创新和改进自己的产品和服务，以满足市场不断变化和消费者不断升级的需求。同时，企业还需要建立强大的组织文化和团队凝聚力，激发员工的创造力和积极性，让他们成为企业发展的核心动力。

总之，高利润变现是一套再标准化流程的观点，强调了企业在追求高利润过程中对标准和规范的重视。不可否认，高利润模式的建立是一个复杂而长期的过程，但只有通过这样的努力，企业才能真正实现高利润，并在市场上获得持久的竞争优势。

前言

高利润是高价值组合出来的

当今市场竞争之激烈，是前所未有的，且可以预见，未来的市场竞争只会越发激烈。那么企业如何在如此激烈的市场竞争中实现高利润并保持持续增长呢？高利润模式和核心竞争力模式的结合，为企业提供了一个全新的视角。表面上看，这种结合就是两种理论的叠加，但放在市场环境的背景下讨论，这种结合却又不只是两种理论的叠加，更是对传统企业管理模式的颠覆和创新。通过这种结合，企业可以打造出一条全新的价值链，从而实现高利润。而高利润模式的最小管理单位正是这样一条价值链，它有别于传统的企业管理模式，是一种全新的管理和运营思路。

传统企业管理侧重于对产品的生产和销售过程进行管理，而高利润模式则更注重价值链的构建和优化。价值链既是生产和销售的简单串联，也是企业内外资源的整合与协同。通过高价值组合，企业可以实现价值链的闭合，从而更好地满足市场需求，提升企业的竞争力和盈利能力。

高价值组合也不只是产品和服务的堆砌，更是对企业核心竞争力的提炼和升华。在这个过程中，企业需要不断地对自身的价值活动进行分析和优化，寻找最优的资源配置和业务模式。同时，企业还需要关注外部环境的变化，与合作伙伴、供应商和用户建立紧密的合作关系，共同打造一个高效、共赢的价值网络。

实现高价值组合的关键在于创新和变革。企业需要敢于突破传统的思维模式和业务框架，勇于尝试新的商业模式和价值链组合。在这个过程中，企业需要不断地学习和适应，不断地优化和改进，从而在激烈的市场竞争中占据一席之地。

本书深入探讨了高利润模式的核心理念和实践方法，以便更好地帮助企业理解和应用高价值组合的思想。通过案例分析、实战演练和理论阐述相结合的方式，本书系统地介绍了如何构建高利润的价值链、如何实现高价值组合以及如何持续优化和改进企业的管理模式。希望通过阅读本书，读者能够获得启发和收获，为企业的发展注入新的动力和活力。

在撰写本书的过程中，作者调研和查阅了国内外众多成功企业的案例，总结了他们的经验和教训，力求让本书内容更加丰富、深入、实用，具有启发性，以便更好地满足读者的需求。当然，由于作者的经验和知识有限，本书可能存在一些不足之处，恳请广大读者批评指正。

在当今复杂多变的市场环境下，企业面临着前所未有的挑战和机遇。只有不断创新、不断超越自我，才能在激烈的市场竞争中立于不败之地。希望本书能够成为企业发展的助推器，帮助企业实现高利润、高价值的可持续发展目标。同时，希望本书能够激发更多人的创新思维和实践精神，来共同推动企业管理的进步和发展。

最后，感谢所有为本书付出辛勤努力的工作人员和专家学者们。感谢他们的支持和帮助，使本书得以顺利完成并呈现给广大读者。同时，还要感谢广大读者的信任和支持，相信在你们的关注和鼓励下，作者将不断进步、不断成长。

目录

上篇　高利润模式基于商业价值观的重构

第一章　高利润代表商业价值观的重建 / 3

微利时代的商业模式破局 / 3

价格战是死循环，高利润突破是增益循环 / 7

高利润模式遵循的商业价值观 / 10

要么超越，要么差异化，绝不雷同 / 14

独行思维需要自我觉察和道德勇气 / 17

规模不再是判定企业强弱的标准 / 20

高利润企业都会经营人 / 25

第二章　高利润模式——一种优化的事业引擎 / 29

产品模式正在转向心智和体悟满足 / 29

关系网络模式已经大于技术平台模式 / 33

高阶轻资产驱动规模重资产模式 / 37

"技近乎道"，极致之处必有高利润 / 41

自创红利需要具备一种开拓者的勇气 / 45

提升心灵品质，做细分赛道的佼佼者 / 48

认知领先模式其实就是一座"收费站" / 51

第三章　高利润模式的背后是人性 / 57

高价产品和服务是建立自我身份的游戏 / 57

品牌高利润模式的人性逻辑 / 60

利用群体心理情感和欲望设计商业模式 / 62

金融模式就是赚贪婪和恐惧的钱 / 65

创新竞争模式是赚人性优点的钱 / 67

中篇　高利润商业模式的实战分析

第四章　数智化快模式带来高利润 / 73

唯快不破，塑造市场而不是被市场塑造 / 73

快模式，快现金交易结构设计 / 76

数智化模式的本质就是用户响应的效能竞争 / 78

快时尚模式正在改变商业思维 / 80

第五章　慢模式场景引领生活方式未来 / 85

心灵疗愈产业中的慢模式 / 85

把消费转为慢场景的高利润模式设计 / 87

高端服务业都是陪伴式慢事业 / 90

北欧领先企业慢科学和高利润的启示 / 92

企业要争做生活方式的引领者 / 95

第六章　八种高利润模式实战和演化 / 99

隐形冠军模式和基恩士传感器 / 99

社交货币模式和贵州茅台 / 102

轻资产模式和万师傅服务 / 106

轻奢场景模式和米兰都市创意经济 / 109

高端圈层社交网络模式和高古轩画廊 / 113

软硬件结合生态场景模式和苹果商城抽成及抖音投流 / 118

原产地模式和西湖龙井茶 / 121

资本运作、资产增值模式与段永平模式 / 123

第七章　商业的核心框架是定价权 / 127

高品质企业总能守住定价权 / 127

定价权是模式之外的苦功夫 / 130

基于生态的定价权模式设计 / 133

一流的商业模式带来资产定价权 / 136

定价权是商业模式可持续有效的基本保障 / 139

下篇　高利润商业模式的未来和内控管理

第八章　高利润模式带来优质价值链 / 145

高利润才能支撑利益相关者协同模式 / 145

维系高效供应链就靠定价权 / 147

不要剥削伙伴，要庇护伙伴 / 149

顺势而为的原创模式成就造势者 / 151

造势者都是一张利益共享的组织网络 / 153

第九章　从单一收益走向增值生态网络 / 157

多点收益是高利润模式设计的秘诀 / 157

创新模式带来的技术生态优势 / 163

服务增值模式带来高收益 / 165

产业链模式和价值链模式带来产业地位 / 168

平台模式的收入来源 / 171

生态系统模式的收入构成 / 175

第十章　高利润模式带来的风险和挑战 / 179

高利润和高积累不是目的，企业健康才是目的 / 179

模式设计需要考虑供应链风险 / 182

高利润都是特定条件下的脆弱生态 / 184

高利润企业需要时刻警惕自我固化 / 186

独占高利润其实是企业系统性风险 / 189

企业产融模式设计需要防范金融风险 / 191

高利润企业的内控管理 / 194

高利润企业的财税管理 / 199

结　语 / 204

上篇

高利润模式基于商业价值观的重构

第一章　高利润代表商业价值观的重建

企业想要长期实现高利润率，就必须从商业模式入手，全方位创造企业的高价值组合。要实现这一目的，核心就是创新商业模式文化价值观，换言之，是从领导者开始转弯，重构商业价值观，做好高利润商业模式的观念准备。

微利时代的商业模式破局

当今，许多企业都面临着时局的普遍痛点：参与过度竞争、利润空间不断压缩、生存压力与日俱增。要想在这样的微利时代立足，企业就必须寻求商业模式的破局之道。这不仅关乎企业的生存，更关乎企业的长远发展。

无论企业当下经营状况如何，都必须正视一个现实：在过度竞争的环境下，传统的商业模式已经难以支撑企业的持续发展。依靠单纯的低价策略或大规模生产来获取市场份额的方式已经不再是可行的战略。企业需要重新审视自身的商业模式，挖掘新的增长点。

破局之道在于对商业模式的重新定义和创新。那么，在具体实施某种可以破局的商业模式之前，企业就必须率先关注以下五个方面。

（1）精准定位与差异化竞争。在市场饱和的背景下，企业必须找到自己的独特定位，避免与竞争对手正面交锋。通过深入分析目标用户的需求，提供与众不同的产品或服务，从而在市场上树立自己的品牌形象。

（2）技术驱动与创新。科技是推动商业发展的关键力量。企业应加大在研发和创新方面的投入，通过技术手段提高产品或服务的附加值。例如，利用大数据、人工智能等技术手段，提高企业整体运营效率，满足用户的个性化需求。

（3）整合资源与合作共赢。在面对困境时，企业不应孤军奋战，而应寻求与其他企业或机构的合作。通过资源整合与共享，实现优势互补，共同应对市场的挑战。

（4）价值链优化与成本控制。企业需要对自身的价值链进行深入分析，找到成本最高的环节并寻求优化。通过精细化管理、流程再造等方式，减少浪费，提高企业整体运营效率。

（5）提供高附加值服务与解决方案。随着消费者需求的多样化，仅提供产品已经不能满足市场需求。企业需要提供更多的附加值服务或整体解决方案，来满足用户的全方位需求。

在微利时代，企业要想打破时局"痛点"，就必须对商业模式进行大胆创新和变革。如果要将上述工作整合为一种足以打破微利时代的破局模式，那么我们推荐平价服务商业模式，这种模式并不复杂，从字面意思上讲就是"无论怎样，至少很便宜"。所以，采用这种模式的企业，其利润所在区间必然是微利。

很多人会有疑问，不是要讲微利时代的商业模式破局吗？为什么给出的商业模式推荐仍然是微利的？因为当下所处的时代就是微利时代，对于我们这代人而言，已经见惯了各种"免费"的场景，企业也早已习惯在微利中打滚，所以我们不能擅自跳脱出时代而阐述破局的模式。诚然，一定有非微利模式可破局微利时代，但我们今天就是要将微利作为代表，让企业领导者看一看，微利不是错误，微利也一样能做出辉煌的未来。所以，不要一看到微利，就在主观意识上进行否定，也不要退避三舍，微利不代表必然性的死局，打造出适合企业发展的商业模式，微利一样会形成巨利。

平价服务商业模式要求企业尽可能减少能够提供给目标受众的价值主张，从而节约生产成本，大幅降低产品价格。也就是说，将企业的产品、服务、信息等进行标准化，是保持低成本的有效办法。如果一切顺利，简化后的价值主张与低成本将共同发挥作用，那时企业获得成功也就是顺其自然的事情了。

1908年，亨利·福特推出T型车，消费者只需花费850美元就能买到一辆T型车。虽然850美元在当时也是一笔不小的消费，但对于一辆车而言，这个价位已经低得令人不可思议了。福特公司之所以能够以超低价格出售T型车，原因在于简化了对消费者的价值主张，T型车采用流水线的大批量生产方式，并且整车采用了更简单的钢底盘配发动机结构，虽然消费者不能再按照自己的意愿定制车辆，但超低的价格已经足够打开市场了。

福特公司T型车的成功，绝非某一款车型的成功，也不是某一次战略定位的成功，而是企业创新商业模式的成功，更是亨利·福特重建高利润商业价值观的成功。

无独有偶，在福特汽车大获成功后的几十年，麦当劳公司也在餐饮行业竞争越发激烈的时候开启了平价服务模式。查德·麦当劳和莫里·麦当劳兄弟对公司的商业结构进行了重构，减少了菜单选项，只保留了十几项餐品，采用更新式、更廉价的汉堡制作工艺，用硬纸盘替代了陶瓷餐盘，解雇了三分之二的员工改引进自助式服务。这些改变支撑了麦当劳可以以15美分的超低价格出售汉堡。面对这样的价格，并且口味底线得以保全，消费者自然会大驾光临。

很显然，这是食品行业对平价服务商业模式的最佳接入案例之一，以往人们认为的"食品就要做得足够精细、完美、高雅，才能登上大雅之堂"的认知，被麦当劳15美分的汉堡打破了。虽然福特T型车赚取的利润在汽车行业内已属微利，但对比其他行业而言，利润还是很可观的。但麦当劳卖15美分一个的汉堡，仅从售价看就属于"微价"了，要从"微价"中获得"微利"是有多么不易，但麦当劳就是在这种"微价"的"微利"中将自己堆砌成了世界级的企业。

相较于福特公司和麦当劳公司的古早时期，人们对于平价服务商业模式的认知还不够清晰，因此若有企业采用这种模式，其脱颖而出的概率相当高。但在互联网崛起后的商业时代，赚取微利已经成为越来越多企业的共识。小米公司通过平价服务商业模式取得了快速发展，其经营策略是以低价销售配置较好的手机和设备，并借此以微薄的利益在竞争异常激烈的电子设备市场取得成功。为了节省成本，在经营初期小米没有开设任何实体店，完全是线上销售，并逐渐开发其他关联产品、数字设备、娱乐和"生活方式"产品与服务。可以说，小米公司走了一条与苹果公司截然相反的道路，苹果赚取品牌效应的高利润，小米赚取口碑效应的微利润。

微利的成功，不是一种必然性，而是建立在具备应用平价服务商业模式的市场契机之下，即如果一个市场的目标受众对价格的敏感度较高，那么这个市场就适合应用平价服务商业模式。因此，企业必须关注市场趋势、消费者需求和政策环境的变化，以及时调整自身的商业模式和战略方向。

商业模式创新是企业应对微利时代的必然选择，通过重新定义商业模式，企业可以找到新的增长点，拓展市场份额，提高盈利能力。在这个过程中，企业需要具备创新思维和变革勇气，敢于突破传统的框架和束缚。在微利时代，企业的发展是一个长期的过程，需要持续不断地进行商业模式创新和改进。只有坚持长期发展，才能在市场上获得持续的竞争优势和可观的利润回报。

价格战是死循环，高利润突破是增益循环

在商业竞争中，价格战似乎成了一种不可避免的局面。企业为了争夺市场份额，常常采取降价策略，希望能够吸引更多的消费者。然而，价格战不仅无助于企业的长期发展，反而会令市场陷入一种恶性循环，进而影响整个行业的健康发展。与此相反，高利润突破则是一种有益的商业模式，能够为企业带来持续的增长和竞争优势。

下面我们来探讨价格战为什么是死循环。价格战是一种以降低价格为主要手段的竞争方式，企业通过降低成本、压缩利润空间来维持竞争优势。当一家企业降低价格后，其他企业为了保持竞争力，也会被迫跟进。这样，整个行业的价格水平就会不断下降，导致企业利润减少。在利润不断减少的情况下，企业只能通过扩大产量来弥补损失，产品质量和创新能力都只能放在一边，从而进一步加剧了行业的恶性竞争和产能过剩。而过剩的产能又导致了价格继续下跌，最终形成恶性循环。

以我国光伏行业为例，在过去几年中，光伏企业为了争夺市场份额，纷纷降低产品价格。结果，整个行业的利润水平大幅下滑，许多企业陷入了亏损状态，整个行业失去了创新和应对风险的能力。最终，光伏行业经历了一场严重的产能过剩危机，许多企业倒闭或破产。这就是价格战的死循环所带来的后果。

与价格战形成鲜明对比的是，高利润突破带来的是一种增益循环。高利润突破是指企业通过创新、差异化、提高附加值等方式，提高产品的盈利能

力。这种模式能够为企业带来以下五个好处。

（1）增强盈利能力。企业应通过提高附加值和差异化来获取更高的利润。

（2）促进创新。企业不断进行产品创新和研发，以获得更多的知识产权和技术储备。

（3）提高产品质量。企业必须将更多的资源和精力投入到产品质量的提升上。

（4）建立品牌形象。企业树立自己的品牌形象，提高品牌知名度和美誉度。

（5）推动行业进步。企业具有较强的技术实力和市场竞争力，助力整个行业的发展。

华为：技术突破实现高利润

华为是一家专注于通信技术的企业，多年来一直致力于研发创新。华为投入巨额资金用于研发，掌握了大量的核心技术和专利。这些技术和专利使得华为的产品具有较高的附加值，从而实现了高利润。

以华为的 5G 技术为例，华为在 5G 领域拥有超过 2000 项专利，位居全球首位。这使得华为在 5G 市场的竞争中占据了绝对优势，实现了高利润。同时，华为还不断推动 5G 技术的应用，为各行各业提供解决方案，这进一步提升了企业的盈利能力。

茅台：品牌塑造实现高利润

茅台是一家知名的白酒企业，拥有深厚的文化底蕴和品牌价值。茅台凭借其独特的酿造工艺和品质，赢得了消费者的认可，成为白酒市场的佼佼者。茅台的品牌效应使得其产品具有较高的附加值，从而实现了高利润。

以茅台的"飞天酒"为例，其售价高达 1000 元以上，但仍供不应求。茅台的品牌形象和稀缺性使得消费者愿意为其支付高价，从而为茅台带来了高利润。同时，茅台还不断拓展海外市场，提升国际影响力，这进一步增加了企业的盈利空间。

由上述可知，价格战是死循环，会令企业陷入其中难以自拔，最终导致行业整体衰退。相反，高利润突破是增益循环，企业通过提升产品附加值和品牌形象，实现高利润，为企业和行业带来持续增长。同时，企业必须在特定的行业或市场上，通过不断挖掘和深化自身的核心竞争力，来实现持续的利润增长。这种模式如同盾构机一样，要求企业具备强大的研发能力、技术实力和品牌影响力，进而能够根据市场需求不断推出高附加值的产品和服务。

华为和茅台都非常注重专业化、精细化，通过长期积累和不断创新，形成难以复制的竞争优势。华为和茅台的成功案例告诉我们，想要跳出价格战的死循环，企业必须致力于技术创新和品牌塑造，实现高利润突破。当然，跳出价格战的死循环绝非只依靠技术创新和品牌塑造，这两项如同两只手上的"两根大拇指"，还有其他"八根手指"也必须重视，包括华为和茅台在内，所有跳出价格战死循环的企业都是"十根手指"并用的。下面我们就将其他"八根手指"进行逐一阐述，看看究竟应如何实现高利润突破。

（1）技术创新。企业应该注重产品的研发和创新，不断推出具有差异化、高附加值的产品，同时注重知识产权的保护和研发成果的转化。

（2）品牌塑造。企业应该加强品牌建设，通过有效的品牌营销和传播策略，提升品牌知名度和美誉度。

（3）品质为先。企业应该始终坚持品质为先的原则，注重产品的品质和可靠性，不断优化生产工艺和流程，提高产品的耐用性和稳定性。

（4）用户服务。企业应该注重用户服务的质量和效率，提供个性化的服务解决方案，及时解决用户的问题和需求。

（5）精细化管理。企业应该推行精细化管理理念，加强内部管理机制的完善和优化，实现从粗放式管理到精细化管理的转变。

（6）建立合作伙伴关系。企业应积极寻求与同行业或跨行业合作伙伴建立合作关系，共同开拓市场和分享资源优势。

（7）人才培养与引进。企业应注重人才培养和引进，建立完善的人才激励机制和管理制度，激发员工的积极性和创造力。

（8）投资与合作。企业应积极寻求投资与合作的机会，但要谨慎评估风险和可行性，确保合作的顺利进行和预期效益的实现。

（9）市场调研与定位。企业应注重市场调研，深入了解目标受众的需求与偏好，制定符合市场需求的产品策略和营销方案，并根据市场变化及时调整自身的定位和发展战略。

（10）社会责任。企业在获得更多经济利益的同时，必须积极履行社会责任，关注环境保护、公益事业等方面，以提升企业的社会形象和声誉。

高利润突破是一种有益的商业模式，能够帮助企业获得更多的竞争优势和可持续发展的机会。为了实现高利润突破，企业需要注意十根手指握紧拳头一并用力。

高利润模式遵循的商业价值观

企业通过创造价值，满足了消费者所需的价值，又从创造的价值中为企业挖掘利润。企业应在保证产品质量和服务质量的前提下，尽可能地向消费者提供低成本的商品，从而实现价值最大化。这是创造价值的本质，也是创造高利润的根源。

消费者的支付意愿和制造成本的差，是企业能够产生的价值量。支付意愿是消费者对于所接受的商品或服务进行估价,由此而愿意付出的金额(见图1-1)。支付意愿可以较为直观地判断消费者对商品的可承受价格,即消费者所认可的商品的理想价格。

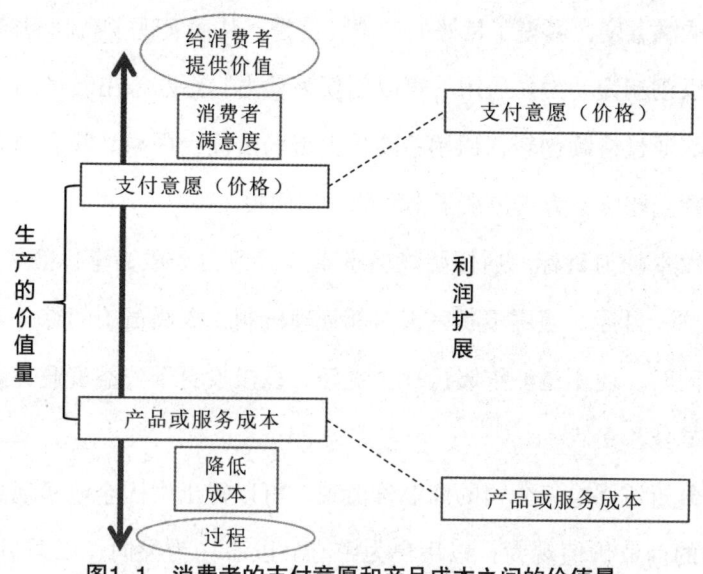

图1-1　消费者的支付意愿和产品成本之间的价值量

企业想要获取更多利润,让价格尽量贴近支付意愿只是浅层操作,引导与改变消费者的支付意愿则是中级操作,这两种方式仍然停留在价值创造层面,而没有深入到商业模式层面。而要深入到商业模式层面,则需要从商业价值观入手。因为企业要想实现可持续的高利润,就必须要确立和遵循一系列商业价值观。

下面以通用电气公司为例,分析该公司遵循的商业价值观,并提出中国企业实现高利润模式应遵循的商业价值观。

通用电气公司(GE)是世界上较大的多元化服务性企业之一,其业务涉及汽车、航空、能源、医疗等多个领域。作为一家全球化的公司,通用一直秉承着"以用户为中心,以创新为动力,以卓越为目标"的商业价值观。这些商业价值观不仅体现了通用的经营理念,也体现了其实现高利润模式的核心思想，主要有以下三个。

（1）以用户为中心。通用始终坚持以用户为中心，将用户的需求放在首位。在产品研发、生产、销售等各个环节，通用都致力于满足用户的需求，提高用户的满意度，赢得了良好的口碑和信誉，从而实现了高利润模式。

（2）以创新为动力。通用一直以创新为动力，不断推出新产品、新技术和新服务。通过持续创新，通用不断扩大市场份额，提高品牌影响力，在市场上保持领先地位，为其带来了丰厚的利润回报。

（3）以卓越为目标。通用始终追求卓越，致力于成为全球领先的企业。为了实现这一目标，通用不断完善内部管理机制，提高员工的综合素质和专业技能。同时，通用还注重履行社会责任，积极投身于公益事业，赢得了社会各界的赞誉和支持。

通过分析通用电气公司的商业价值观，可以得出中国企业实现高利润模式应遵循的商业价值观为：以用户为中心、以市场为导向、以质量为核心、以人才为基础、以诚信为基石、以创新为动力、以持续学习为必要条件、以社会责任为己任。其中，"以用户为中心"和"以创新为动力"在介绍通用电气公司时已经阐述过，而"以社会责任为己任"则对应通用电气公司的"以卓越为目标"，在此也不做赘述。我们重点阐述其他五个价值观。

（1）以市场为导向。中国企业要实现高利润模式，必须深入了解市场需求和趋势，制定符合市场需求的产品和服务策略。同时，中国企业还应该加强市场调研和营销策划，提高品牌知名度和市场占有率。

（2）以质量为核心。质量是企业的生命线，也是企业实现高利润的关键因素。中国企业要实现高利润模式，必须注重产品质量和服务质量，不断提高用户满意度和忠诚度。同时，中国企业还应该加强质量管理体系建设，完善质量标准和检测手段，确保产品和服务质量符合国际标准。

（3）以人才为基础。人才是企业最重要的资源之一，也是企业实现高利润模式的基础。中国企业要实现高利润模式，必须注重人才培养和引进，建立完善的人才管理体系。同时，中国企业还应该加强员工培训和教育，提高员工的综合素质和专业技能水平，激发员工的创造力和创新能力。

（4）以诚信为基石。诚信不仅包括遵守法律和道德规范，还包括诚实、透明和负责任的经营方式。当企业诚信经营时，便能够赢得消费者的信任，提高品牌声誉，从而吸引更多的用户，提高销售额。此外，诚信还有助于企业建立良好的供应商关系，降低采购成本，提高供应链效率。

（5）以持续学习为必要条件。在不断变化的市场环境中，企业必须不断学习和掌握新的知识与技能。通过持续学习，企业可以保持其竞争优势，开拓新的商业机会，提高盈利能力。此外，持续学习还有助于企业培养员工的创新能力，让他们能够更好地应对未来的挑战。

因此，企业要想实现高利润，必须遵循一系列商业价值观，包括用户至上、市场为根、质量为王、人才为本、诚信为基、创新动力、持续学习和社会责任。这些价值观不仅有助于提高企业的竞争力和盈利能力，还有助于企业获得消费者的信任和支持，实现可持续发展。因此，企业应该努力践行这些价值观，并在其经营活动中贯彻始终。

以上是从企业层面阐述的高利润模式必须遵循的商业价值观，但这个价值观只是浅层存在。还有更深层的基础，就是国家政策导向层面。如果将企业比作漂浮于大海之上的各级别的船体，那么政策导向就如同大海的波涛，其汹涌程度足以让任何船只都必须遵守航海的一切法则，否则就有倾覆或必然倾覆的风险。

商业模式是企业为了实现盈利目标而采取的战略和运营方式。一个成功的商业模式需要充分考虑市场需求、竞争状况、资源禀赋等多个因素，并根据不断变化的市场环境进行调整和完善。中国企业在"走出去"过程中，涌现出了许多优秀的商业模式和创新案例。这些模式不仅适应了合作伙伴的市场需求和产业特点，而且符合可持续发展的原则。它们充分利用了政策红利和市场机遇，实现了经济效益和社会效益的双赢。

制造业是中国的传统优势产业之一。在推进制造业升级和转型的过程中，企业必须遵循可持续发展的原则。这意味着高利润模式不能仅仅依赖于传统的要素投入和技术创新，而是要在经济环境中寻找新的增长点和创新路径。

具体来说，企业需要加强对绿色制造、智能制造等新兴领域的探索和实践。这些领域具有广阔的发展前景和市场潜力，但同时也面临着激烈的竞争和挑战。只有在充分了解当地市场需求的基础上，制定科学合理的经营策略和管理模式，才能在竞争中占据有利地位。

在推进制造业升级和转型的过程中，政府和企业发挥了重要作用，同时也离不开整个商业生态系统的支持和配合。国内市场的庞大需求和消费群体为我国本土企业提供了广阔的发展空间和机遇；技术创新和人才培养等方面的进步也为国货品牌的崛起奠定了坚实的基础。

综上所述，企业"走出去"的过程，就是一个商业模式不断选择和完善的过程，充分体现了商业价值观在经济环境中的重要性。企业应当根据经济环境和市场需求的变化，及时调整自身的经营策略和管理模式以提高竞争力。同时，政府也需要继续加大对中小企业和新兴产业的扶持力度，为它们提供更加广阔的发展空间和机遇。

要么超越，要么差异化，绝不雷同

一个成功的企业战略，能够使企业在市场竞争中占据有利地位。然而，企业战略的制定并非易事，必须基于对市场和自身的深入分析。企业在制定战略时，必须要有所超越或者实现差异化，绝不能沦为市场的追随者。

任何一个行业的竞争者都可能从技术、服务、品牌等方面寻求突破，以获取竞争优势。在这样的背景下，企业如果仅满足于跟随市场潮流，那么将很难在竞争中脱颖而出。唯有通过超越或差异化的战略思维，企业才能在市场中独树一帜，获得竞争优势。哈佛商学院的迈克尔·波特教授的竞争战略理论认为，企业在市场竞争中可以选择三种基本的竞争战略：成本领先战略、差异化战略和集中化战略。其中，差异化战略强调企业在产品、服务、品牌等方面创造独特的价值，以区别于竞争对手。这为企业在制定战略时选择差异化路线提供了重要的理论依据。也就是说，企业可以做规模上的追赶者，但在战略制定上必须具有差异化，成为可以随时超越领导企业的超越者。

差异化战略是以"不具备资源"为强项，不和领导企业竞争的战略。企业之所以会"不具备资源"，是因为消费者需求日益多样化，消费者对产品或服务的要求越来越高。如果企业无法提供超越竞争对手的价值，或者在某一方面实现差异化，那么就很容易被消费者忽略。消费者的选择是多种多样的，只有那些能够提供独特价值的企业，才能在市场竞争中赢得消费者的青睐。因此，企业必须通过持续创新，不断推出新产品、新技术、新服务，以满足市场的变化需求。在这个快速变化的时代，只有不断创新的企业才能保持领先地位。

在曾经的数字音乐播放器市场，索尼公司和苹果公司展开过激烈竞争。大家都以为是苹果音乐播放器创造了数字音乐播放器的雏形，但真实情况却是索尼首创的数字音乐播放器。1999年，索尼推出了便携式记忆棒随身听，能够记录压缩后的音乐数据。但该音乐播放器有个致命的缺陷，就是不支持压缩格式中最常用的MP3格式，只支持索尼自主开发的ATRAC格式，但ATRAC复制的便利性远不及MP3。

在外界看来，索尼是在舍本逐末，是索尼不能够创造出支持 MP3 格式的能力吗？显然不是。因索尼旗下拥有唱片公司，其希望通过避免非法复制来防止 CD 销量下降，而 ATRAC 格式不能二次复制，可以严格保护音乐版权。

2001 年，苹果推出 iPod，其凭借设计和操作的便利性以及苹果音乐网站 iTunes 的便捷性，迅速占领了市场。在 iTunes 网页上，不仅提供了苹果的标准压缩格式 ACC，还支持已被普遍接受的 MP3 格式。也就是说，以前的 MP3 播放器（如 Rio、iRiver 等）能听的音源，iPod 也能直接听。苹果之所以不在乎音乐版权，不仅是因为其旗下没有唱片公司，任何音乐对苹果而言都是同等的商品，更是其以用户为先和眼光长远的体现。

索尼直到 2004 年才兼容 MP3 格式，但一切都已经晚了，苹果已经借助 iPod 实现了差异化和超越。试想如果索尼的数字音乐播放器一开始就兼容 MP3 格式，那么现在的数字音乐播放器市场很可能是另一番景象了。

资源基础理论认为，企业之间的资源差异决定了其竞争优势的来源。一个企业拥有独特的、难以模仿的资源，是其获得竞争优势的关键。在苹果公司与索尼公司的数字音乐播放器市场的争夺中，索尼公司原本认为自己旗下拥有唱片公司这一资源，会占据主动位置。但没想到，苹果公司却反其道而行之，将其旗下没有唱片公司这一劣势变成了可供利用的优势资源，而后借助这一优势资源，抢先卡位，将索尼挤到了身后。因此，企业在制定战略时，应注重开发和利用其自身的独特资源，并通过不断创新来维护其竞争优势。

这种在领导企业身后寻找战机的做法，就相当于在红海中寻找蓝海。通过开辟蓝海市场，企业可以获得新的增长机会并创造持久的竞争优势，这为企业在制定战略时选择超越路线提供了重要的启示。根据以上阐述，我们将如何实现超越或差异化概括为以下三大方面。

（1）深入分析市场与竞争对手。企业在制定超越或差异化战略之前，必须对市场和竞争对手进行深入分析，包括了解消费者需求、行业发展趋势、竞争对手优劣势等。通过分析，企业可以找到市场的空白点或竞争对手的弱点，为自己的战略定位提供依据。

（2）强化自身核心竞争力。核心竞争力是企业获得竞争优势的关键因素。企业在实现超越或差异化的过程中应注重强化自身的核心竞争力，包括提高产品质量、研发新技术、打造品牌形象等。只有当企业在某一方面具备了核心竞争力，才能确保其超越或差异化战略得以成功实施。

（3）持续创新与改进。创新与改进是一个企业不断发展的动力源泉。在实现超越或差异化的过程中，企业应注重持续创新与改进，包括产品创新、服务升级、流程优化等方面。只有不断推陈出新、与时俱进的企业，才能在市场竞争中立于不败之地。

然而，实现上述三点也并非易事，需要企业领导者和全体员工的共同努力与智慧。在未来的市场竞争中，只有那些勇于创新、不断超越自我的企业，才能成为市场的领导者并取得长久的成功。因此，企业在制定战略时必须审慎思考：是选择跟随市场潮流，还是勇于开拓创新？是满足于现状，还是追求卓越？这关乎企业的未来发展与命运抉择。

独行思维需要自我觉察和道德勇气

企业若想在竞争激烈的市场环境中脱颖而出、独树一帜，必须拥有独到的思维方式，我们称之为"独行思维"。这种独行思维，既是一种创新，也是一种挑战。

独行思维不仅是与众不同或反其道而行之的策略，更是一种深思熟虑的方法，需要企业深入了解自己，明确价值观，并勇于面对和解决问题。独行思维需要企业在日常运营中展现出高度的自我觉察和道德勇气。

1. 自我觉察：深化企业内在认知

自我觉察是企业对自己内在的思考模式、行为习惯和价值观念的认知。对于企业而言，自我觉察是一种自我审视、自我反省的能力。一个企业必须深入了解自己的核心能力、优劣势、价值观以及在市场中的定位。因此，自我觉察涉及企业对自己的深入剖析，既包括产品、服务、市场定位，也包括企业文化、组织结构和运营模式。这种觉察要求企业有一种"跳出框架"的思考方式，敢于挑战现有的运营模式和思维方式。

某知名零售企业通过深入的市场调研和用户反馈，发现自己的产品线过于复杂，导致用户体验不佳。经过内部讨论，企业决定简化产品线，聚焦于核心用户群体。这一决策不仅提升了用户满意度，也为企业带来了更高的利润。

具备自我觉察能力的企业，能够清晰地认识到自己的独特之处，从而在竞争中把握主动权。这种觉察不仅是高层领导者的责任，更是每个员工的责任。只有当整个组织都能清晰地认识自己时，企业才有可能在复杂多变的环境中保持清醒的判断和决策。企业自我觉察的具体方法包括以下四个方面。

（1）定期反思。企业应定期组织员工进行自我反思，分享个人的感受和观察，以此来促进整个企业的自我觉察。

（2）定期复盘。企业应定期复盘自己的行为和成果，以便发现存在的问题，总结成功经验，从而不断提高执行力和创新能力。

（3）数据驱动决策。运用数据分析工具了解市场和用户需求，从而更准确地为企业定位。

（4）员工反馈机制。建立有效的反馈机制，鼓励员工提出建议和意见，让管理层了解一线员工的想法和感受。

2. 道德勇气：坚守正道，勇于担当

道德勇气是指企业在面对挑战和压力时依然能够坚守正道、坚持正确决

策的决心。在商业竞争中，很多企业可能会因为短视或压力而采取不正当的竞争手段，但真正能让企业胜出，并获得长久发展的，一定是企业对道德底线的坚守及护卫道德行为的巨大勇气（见图1-2）。

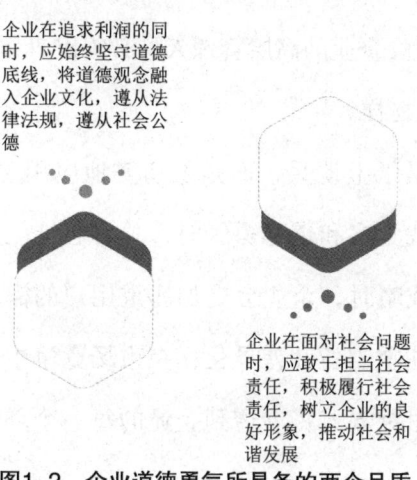

企业在追求利润的同时，应始终坚守道德底线，将道德观念融入企业文化，遵从法律法规，遵从社会公德

企业在面对社会问题时，应敢于担当社会责任，积极履行社会责任，树立企业的良好形象，推动社会和谐发展

图1-2 企业道德勇气所具备的两个品质

某初创科技公司在发展初期面临巨大的业绩压力，但创始人兼CEO坚决拒绝与数据造假的企业合作。虽然短期内公司发展受阻，但最终却赢得了用户的信任，并在几年后成为行业佼佼者。

一个拥有明确价值观的企业，无论在何种情况下，都能够坚持自己的原则和信念。这种坚定的立场不仅有助于企业的声誉建设，还能增强员工的忠诚度。具备道德勇气的企业，敢于直面困境，勇于突破创新，来达到最终实现企业可持续发展的目的。企业具备道德勇气的方法具体包括以下五个方面。

（1）明确价值观。企业应明确自己的核心价值观，并将其贯穿于日常决策和经营中。

（2）道德培训。为员工提供道德和职业操守培训，让员工的行为获得内在约束力。

（3）建立风险评估机制。用于审查商业决策是否符合道德和价值观标准。

（4）鼓励内部透明沟通。让员工和管理层都能了解决策背后的考量因素，确保所有决策都符合道德标准。

（5）榜样的力量。企业的高层管理人员必须以身作则，展现出坚定的道德立场，为下属树立榜样。

独行思维并不是纸上谈兵，而是要切实地应用于企业的决策和实践。当企业真正具备自我觉察和道德勇气时，独行思维就会自然而然地体现出来。例如，在制定战略时，企业会更加注重用户的需求和体验；在产品开发中，企业会更加注重创新和差异化；在市场竞争中，企业会更加注重公平和诚信。这样的思维方式将渗透到企业的每一个环节，推动其不断向前发展。

在今天这个充满变化的时代，企业的独行思维显得尤为重要。而要实现这种思维模式，企业必须培养自我觉察和道德勇气这两大核心能力。通过深入了解自己、明确价值观并勇于面对问题，企业不仅可以更好地应对当前的挑战，还能够为未来的发展奠定坚实的基础。那些能够独立思考、坚守正道的企业将在激烈的市场竞争中脱颖而出，书写属于自己的辉煌篇章。

规模不再是判定企业强弱的标准

在传统的商业观念中，企业规模往往被视为衡量企业实力的重要标准。大型企业因其庞大的市场份额和资源拥有更多的话语权和影响力。然而，在当今这个信息化、多元化的时代，企业规模不再是判定企业强弱的唯一标准。一些小而灵活的创新型企业正在改变市场格局，颠覆传统行业的认知。

讨论本节必须从"质"和"量"两个方面入手。在一般情况下，企业凭借两种武器参与竞争，即对形成参与壁垒的"质的限定"和对市场规模的"量的限定"（见图1-3）。

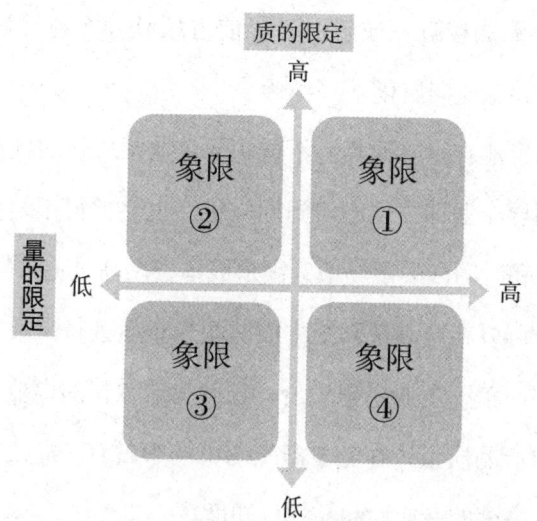

图1-3 "质的限定"和"量的限定"形成的矩阵

关于质的控制，领导企业虽然在经营资源上相对具有优势，但也并非所有资源都具有优势。因此，追赶企业应以领导企业所不能覆盖的资源优势为杠杆，专注在该领域发展，形成"质的限定"。

关于量的控制，领导企业比追赶企业的固定成本更高，如果进入过于细分化的市场，其高额的固定成本将成为羁绊。因此，追赶企业就可以开拓那些对于领导企业而言过小的市场，形成"量的限定"。

因为图1-3中象限③在质和量两个方面都不好限定，因此很可能被领导企业同质化，在此不做详细讨论。该矩阵有助于我们系统性地分析追赶企业在质与量方面可以形成的进攻战略。

象限①中的企业在质与量两个方面都有不被领导企业同质化的优势。例如，个性化定制类企业，虽然占据的市场规模不大，但领导企业如果试图去替代个性化定制类企业的产品或服务，则往往会因为成本太高而难以实施。

象限②中的企业在质方面具有不被领导企业同质化的优势，主要体现在高科技和特殊经营资源方面。例如，利用领导企业当前所不具备的技术能力，让领导企业无法接近；或者通过提前占领领导企业无法覆盖的流通渠道，来避免被领导企业同质化。

象限④中的企业在量方面具有不被领导企业同质化的优势，主要体现在通过限定量使领导企业即便强行实施同质化，也会觉得不划算。例如，在被限定在一定空间和时间内的市场中，固定成本费用高且追求高运转率。

正因为企业可以在质和量两个方面对领导企业进行聚集，才导致近年来越来越多的"小而美"企业崭露头角，它们凭借独特的商业模式、精准的市场定位和卓越的产品质量，在竞争激烈的市场中占有一席之地。这些企业规模虽小，但具有高度的专业性和品牌认知度。

日本的加油站行业有两大龙头，第一是新日本石油公司，第二是出光兴产公司。本着行业的大部分利润都被"冠亚军"瓜分的常规标准，排名在第三位的科斯莫公司，其收入也果真大不如前两家公司，这从其加油站的选址上就能体现出来。对于加油站的选址新日本石油公司和出光兴产公司一般都选在高速公路和国道旁，而科斯莫公司则多将加油站建在人们日常出行的道路附近。因此，科斯莫公司的石油销量不多，其一直以来都在强化洗车、检车和维修等加油之外的服务。科斯莫公司很清楚其生存的命脉，因此一直以来始终致力于投资建设修车工厂及对其加油站工作人员进行以修车为主的服务培训，使得其工作人员基本人均具备了机械师资格。

科斯莫公司与前两家公司相比，虽然规模明显较小，而且其业务也不以加油为主，但科斯莫公司却并不将此看作弱点。相反其领导层认为，在互联网时代，规模和单一的业务已经不再是唯一判定企业强弱的标准了，大有大的优势，小有小的好处；主业突出有主业突出的好处，多业务融合也有多业务融合的好处。正所谓"船小好掉头""业务多选择多"，因此科斯莫公司若想转向发展新领域，一定会比新日本石油公司和出光兴产公司更容易。

正因为如此，科斯莫公司始终将目光看向未来，积极发展可以在未来获得成功的领域。自2010年起，科斯莫公司就启动了在加油站租赁汽车的租赁汽车业务，其主要的目标用户群是居住在非都市圈的、有第二辆用车需求的家庭。但有第二辆用车需求的司机多是女性和老年人，这部分人既不擅长车辆交涉，也不熟悉车辆构造，因此迫切需要能够放心租车的业务。科斯莫公司正是瞄准了这一细分市场需求，创立了在加油站租赁汽车的业务，且在加油站就可以完成车辆的日常养护与维修。

虽然只是行业的"老三"，但科斯莫公司却并没有因为想当第二或第一而与汽车厂家联合做出垄断行为，而是选择了开放式合作模式，这对于特约经销商而言，相当于增加了一条销售渠道，形成了多赢的局面。

面对科斯莫公司在租赁汽车领域的成功，新日本石油公司和出光兴产公司有没有跟进呢？如果跟进了，科斯莫公司还能维持局面吗？对于新日本石油公司和出光兴产公司而言，由于他们看中的是规模经济效益，因此提高石油销量才能获得更多利润，如果也涉足汽车租赁业务，那么就需要调配相关资源，花费人力时间和成本，由此在石油销售中造成机会成本的损失，因此，在最初的六年里，这两家龙头企业选择不跟进。待到两家龙头企业想要跟进时，科斯莫公司已经在汽车租赁领域站稳了脚跟。

很多大规模企业正因为占据市场份额的首位和次位，所以无法同质化一些花费资金成本和时间成本的商业模式。大企业的这种放弃，正是成全"小而美"企业的契机。追赶企业通过聚焦细分市场、提供优质产品和服务、建立品牌声誉等方式实现了差异化竞争，成为自己所涉及领域的市场领导者。

当然，我们不是否定规模化发展，毕竟规模还是企业综合实力的体现，也是企业做大做强发展的必然结果。但是，现代企业竞争已经从单一的规模维度扩展到多个方面。企业在追求规模扩张的同时，更应该注重提升软实力。为了适应新的竞争环境，企业需要采取一系列具体的方法来构建多维度的竞争力。以下是一些建议。

（1）聚焦细分市场。避免与大型企业直接竞争，选择适合自己的细分市场进行深耕。通过满足特定受众群体的需求，树立专业化和差异化的品牌形象。

（2）持续创新。加大对研发和创新的投入，培养创新型人才队伍。关注行业发展趋势，不断推出符合市场需求的新产品和服务。同时，要关注技术前沿动态，寻求技术突破和商业模式创新。

（3）提升品牌影响力。制定品牌发展战略，明确品牌定位和传播信息。通过有效的营销手段提高品牌知名度和美誉度，加强与用户的互动和沟通，提升用户忠诚度。同时要注重品牌的视觉识别系统的建设，统一品牌形象，强化品牌记忆。

（4）优化用户体验。从用户角度出发，深入了解用户需求和反馈，提供超出期望的产品和服务。注重用户体验的细节，提升服务的专业化和个性化水平。建立有效的用户反馈机制，及时处理问题和改进服务。

（5）培养企业文化。明确企业的使命、愿景和价值观，并将其贯穿至日常经营活动中。建立积极向上、开放包容的企业文化氛围，吸引更多优秀人才加入，激发员工的创造力和团队协作精神。加强企业内部沟通与培训机制建设，提高员工的归属感和职业素养。

（6）数字化转型。借助信息技术手段实现企业的数字化转型，提高运营效率和决策水平。通过大数据分析挖掘用户需求和市场机会，优化业务流程和创新商业模式。同时要注重数据安全和隐私保护工作，维护企业的信誉和用户信任度。

（7）建立合作伙伴关系。与其他企业和机构建立广泛的合作伙伴关系，共同开发新产品，开拓新市场，实现资源共享和优势互补。通过与合作伙伴的协同发展，提升企业在产业链中的地位和影响力。

随着经济的发展和市场的变化，企业竞争将更加多元化和复杂化。未来的企业竞争将更加注重软实力的建设，而这些软实力将成为企业持续发展的关键因素。因此，企业需要不断适应市场变化，不断创新和改进，以构建全方位的竞争力，赢得市场的认可和用户的信任。

在这个变革的时代，我们有理由相信，那些勇于创新、注重品质和服务、拥有独特品牌文化和价值观的企业，将不断崭露头角，成为市场的领导者。而那些仅仅追求规模扩张而忽视其他竞争力的企业，将逐渐被市场淘汰。因此，规模不再是判定企业强弱的标准，而具有全方位竞争力的企业将成为未来市场的主导者。

高利润企业都会经营人

在当今高度信息化的时代，我们不难发现一个有趣的规律：无论是哪个行业，高利润的企业往往都是那些擅长经营人的企业。无论是苹果、谷歌还是阿里巴巴，他们成功的背后，都是对人的深刻理解和对人性的精准把握。本节将深入探讨这一现象，并通过实际案例和方法来阐述如何通过经营人来实现高利润。

1. 未来的模式设计的底层逻辑是看到人，回归人

在传统的商业模式中，企业往往以产品为核心，追求的是规模经济和成本优势。但随着消费者需求的多样化、个性化以及信息获取渠道的多元化，这种模式的弊端逐渐显现。企业若想在激烈的市场竞争中脱颖而出，就必须转变思维，将重心从产品转向人，真正做到看到用户、回归用户。具体来说，回归用户，企业需要做到以下四个方面。

（1）深入了解用户需求。通过大数据分析、用户调研等方式，深入挖掘用户的需求、痛点以及潜在需求，帮助企业精准定位产品或服务，为后续营销策略提供有力的支持。

（2）创造用户体验。在产品或服务的设计、开发过程中，始终以用户为中心，关注用户体验的细节，包括但不限于产品的外观、功能、易用性、可靠性等方面。

（3）建立用户互动平台。通过线上社区、社交媒体等方式，搭建与用户的互动平台，及时获取用户反馈，优化产品或服务，增加用户的归属感和参与感。

（4）个性化营销策略。基于用户画像和行为分析，制定个性化的营销策略。例如，通过推送定制化的广告、优惠券等，提高用户的购买意愿和转化率。

小米公司正是凭借对人的深刻理解和对人性的精准把握，实现了高速发展。他们通过线上社区、"米粉节"等方式，与用户建立起了紧密的联系。在产品设计上，小米始终坚持"为发烧而生"的理念，力求满足用户的个性化需求。此外，小米还采用饥饿营销等策略，增强用户的购买欲望。正是这些举措，使得小米在竞争激烈的手机市场中脱颖而出，取得了丰厚的利润。

2. 经营人的具体方法

在未来的商业模式中，其设计的底层逻辑是看到用户、回归用户。这是一个颠覆传统的理念，也是企业获取高利润的关键。然而经营人并非一蹴而就的过程，而是需要企业从多个维度入手，采取切实可行的方法。具体来说，企业可以通过以下四种方法来深入了解用户。

（1）用户调研。企业通过问卷调查、访谈、用户观察等方式了解用户的需求和满意度，收集用户的反馈和意见，了解用户的需求和期望。

（2）用户画像。企业根据用户调研的数据和反馈，建立用户画像，从而设计出更符合用户期望的产品和服务。用户画像是对用户特征和行为的描述，包括用户的年龄、性别、职业、兴趣爱好等。

（3）用户体验设计。企业需要注重用户体验设计，提供让用户满意的产品和服务，包括产品的界面设计、交互设计、使用流程等。

（4）用户反馈机制。企业通过建立用户反馈机制，如设立客服热线、在线客服、建交流群、现场反馈等方式，及时收集用户的反馈和意见，而后进行调整和改进。

例如，在互联网行业，用户的需求和满意度是决定企业成败的关键。在这个行业，产品更新换代快，市场份额和销售额并不是企业的唯一追求。企业需要不断创新，提供新的产品和服务，满足用户不断变化的需求。只有满足用户的需求，提供让用户满意的产品和服务，用户才会对企业展示出忠诚，企业也才能获得高利润。

综上所述，经营人的核心在于深入了解用户需求、创造优质体验、建立互动平台和制定个性化营销策略。通过不断优化经营人策略，企业能够在激烈的市场竞争中脱颖而出，实现可持续发展。

最后需要强调的是，经营人并非一蹴而就的过程，需要企业持续投入和努力。在这个过程中，企业需要保持敏锐的市场洞察力，不断调整和优化经营策略，以适应不断变化的市场环境。同时，企业还需要关注员工的成长和发展，为员工提供更多的机会和平台，激发员工的潜力和创造力。只有这样，企业才能真正实现高利润的经营目标，并在市场竞争中长久屹立。

第二章 高利润模式——一种优化的事业引擎

高利润模式是一种独特的事业引擎，其关键在于通过创新、精益求精、网络塑造、有效利用资源、提升心灵品质和洞察市场需求等，获取高于行业平均水平的盈利能力。这种模式要求企业持续优化产品或服务，挖掘高利润细分市场，掌握独特的竞争优势。

产品模式正在转向心智和体悟满足

随着科技的飞速发展和消费者需求的不断升级，产品模式正在发生一场悄然的变革。传统的以功能和价格为竞争力的产品模式正逐渐失去吸引力，取而代之的是满足用户心智和体悟的新型产品模式。

一方面，消费者对于产品的需求已经不再仅仅局限于实用性和功能性，更加注重产品所带来的情感体验和心灵的满足。这就要求企业在产品设计和研发过程中，要更加关注消费者的内心需求，从消费者的角度出发，打造出能够触动消费者内心的产品。比如，现在的智能手机不仅是通信工具，更是消费者的生活伙伴，人们更愿意选择那些能够给自己带来愉悦和满足感的手机产品。

另一方面，消费者对于产品的体验需求也在不断提高。产品不仅要满足消费者的基本需求，更要提供超出期望的体验。这就需要企业在产品设计和生产过程中，更加注重产品的细节和品质，提供更加个性化和差异化的产品。比如，现在的酒店行业，不仅要提供住宿服务，更要提供高品质的体验服务，让消费者在住宿的过程中感受到温馨和舒适，从而提升消费者的满意度和忠诚度。

在这种背景下，企业需要转变产品观念，从传统的以产品为中心转向以消费者为中心，关注消费者的内心需求和体验需求，提供更加人性化和差异化的产品。同时，企业还需要不断提升自身的创新能力，通过技术创新和设计创新，打造出更加符合消费者需求的产品。

但是，说了这么多，很多企业经营者还是对消费者心智和体悟的概念不是很明确，导致在具体执行时，无法找到合适的切入点。

1. 心智和心智模型

心智原本是心理学的概念，唐纳德·诺曼在《设计心理学》一书中，对于"心智模型"的解释是：心智模型是存在于用户头脑中对一个产品应具有的概念和行为的知识。这种知识可能来源于用户以前使用类似产品时所沉淀下来的经验，或者是用户根据使用该产品要达到的目标而对产品概念和行为的一种期望。

在心理学层面，心智模型是个体对未来发展的预测，是个人内心基于以往的经验对接下来要发生的事所提前写好的剧本。鉴于人类的天性，个体总是坚信自己的预测是正确的，并依据预测指导自己采取相应的行为。而采取行为后所获得的反馈又会反向补给自己经验，尤其是那些正确的预测，会更加强化自己的心智结构。心智模型再根据新的经验（尤其是强化自己正确的经验）进行不断的动态修正，如此循环往复（见图2-1）。

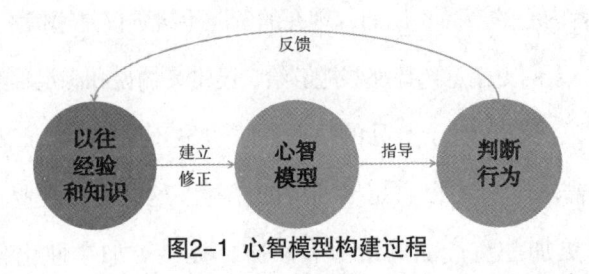

图2-1 心智模型构建过程

2. 产品的心智模型

设计产品的心智模型不仅是指产品的外观和功能，更涉及用户对产品的认知、情感和体验。在产品的心智模型设计过程中，用户研究是至关重要的一步。通过深入了解目标用户的需求、行为习惯、价值观和期望，设计师可以更好地把握用户心智模型的内在特点，为产品设计决策提供依据。

获得充分的目标用户心智模型数据后，设计师需要将其转化为具体的产品设计方案。在这一过程中，需要充分考虑产品的功能、外观、交互方式以及品牌形象等因素，确保产品能够有效地传达目标用户心智模型中的关键要素。

设计完成后，需要进行原型测试和用户反馈收集。通过实地测试和用户访谈等方式，了解用户对产品的直观感受和实际使用体验，从而发现潜在的问题和改进空间。

根据原型测试和用户反馈的结果，对设计方案进行优化和调整。这个阶段需要重点关注产品在使用过程中与用户的互动方式和用户体验，确保产品能够真正满足用户的心智模型需求。

产品上线后，需要持续关注用户的反馈和使用数据，据此对产品进行迭代优化。不断优化产品的功能、外观和交互方式，以保持与用户心智模型的紧密贴合。

设计师所设计的产品越接近用户心智模型，用户就越觉得"可控""好用""满足需求"。反之，产品越远离心智模型，用户就越觉得这款产品不易理解且不好用。所以，将产品不断靠近心智模型是企业进行产品设计最重要的目标之一。也就是说，产品设计要尽可能地符合用户预期。真正进阶的用户体验，在于产品对用户心智模型的塑造反哺，即我们熟知的超出用户预期。

3. 用户体悟的塑造

在新产品的设计中，通过体悟塑造可以快速获取用户的关注，使用户对产品的价值形成认知。体悟塑造有三个具体策略：轻松体验、氛围营造和制造记忆点。

新冠疫情引爆了线上自习需求，基于QQ平台的QQ线上自习室诞生了。QQ线上自习室致力于为用户提供易用的线上自习工具，打造积极正向氛围的学习类社群。

用户调查数据显示，对线上自习室有迫切需求的用户，通常是因为线下学习环境缺失，有居家学习自律的强烈诉求。但仅凭这一点是不足以搭建起能满足用户需求的线上自习室的，必须对用户痛点和动机进一步挖掘与提炼，最终确立采用多人直播的产品形态，为用户提供学习监督与陪伴的沉浸式学习体验。

（1）轻松体验。多人直播的现象自习室，本质上就是多人自习直播。拆解常规直播和视频会议路径，提炼最短可闭环路径，优先设计"工具属性"的基础必要能力，确定首页、自习房间和个人主页的交互大框架。首页的设计必须尽可能降低摩擦，确保用户可以轻松上手（见图2-2）。

降低认知摩擦
房间封面信息降噪，提炼最吸引用户的核心信息用以展示

QQ自习室

降低操作摩擦
快速加入功能，降低选择焦虑，一键上麦，转换至自习状态

图2-2　QQ线上自习室的首页设计降低摩擦

（2）氛围营造。线上自习室必须是平权化的、多人相互陪伴和督促的氛围。对比常规直播的中心化，QQ线上自习室房间结构的功能区划和布局满足平权化（见图2-3）。除此以外还要突出一些侧重点，以表现陪伴氛围和督促氛围。比如，"观众区"从数量和样式上强化传递学习的"陪伴感"；观众

进入房间后的系统提示显示出监督的"热闹氛围";广播巡查、计时器则体现了严肃的"学习氛围"。

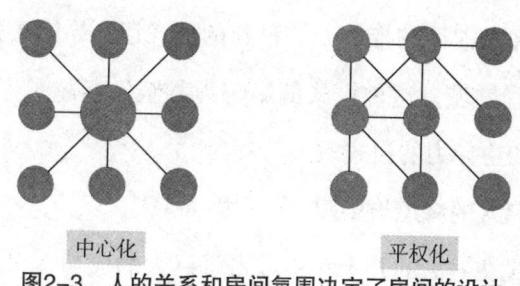

中心化　　　　平权化

图2-3　人的关系和房间氛围决定了房间的设计

（3）制造记忆点。制造记忆点的作用就是加深用户对于产品的印象。根据峰终定律，用户通常会在体验的结尾阶段重点体验产品，如果结尾体验感良好，就有极大可能忽视在体验过程中的些许不愉快；如果结尾体验感欠佳，那么也有极大可能会破坏在体验过程中的良好印象。因此，结束自习时如何给用户留下深刻且强烈的好印象至关重要。QQ线上自习室的做法是用激励性文案唤起情感共鸣，给用户留下深刻的记忆点。此外，还给具象化的"自习猫"形象IP赋予情绪的变化，让用户形成情感寄托，给用户留下强烈的记忆点。

综上所述，产品模式正在转向心智和体悟满足，这是一个新的趋势，也是企业发展的新的机遇。企业需要把握这个机遇，通过创新和提升产品品质，满足消费者的内心需求和体验需求，从而提升企业的竞争力和在消费者心智中的印象。

关系网络模式已经大于技术平台模式

在科技发展的历史长河中，我们见证了技术平台的崛起与盛行，如社交媒体、电子商务和在线市场等。它们如同一座座巍峨的大桥，连接着不同的社区和市场，为人们提供了便捷的交流和交易渠道，催生出无数的创新与创业机会。然而，随着时间的推移，一种新的模式逐渐崭露头角，那就是关系网络模式。在某些领域，这种模式的影响力甚至已经超越了技术平台模式，成为更具影响力和主导力的模式。

1. 技术平台模式的辉煌与局限

技术平台模式在过去的几十年中取得了巨大的成功，以其强大的连接能力，将众多的参与者聚集在一起。通过连接不同的用户和供应商，简化了交易过程，降低了交易成本，提高了信息流动效率和市场效率，为人们的生活和工作带来了极大的便利。例如，电商平台淘宝、京东等，通过技术平台模式将买家和卖家紧密地联系在一起，打破了传统商业的局限，开创了全新的商业模式。

然而，随着社会的变化和用户需求的发展，技术平台模式的局限性开始显现，越发难以满足人们对于更高层次社交互动的需求。

（1）技术平台模式的互动性有限。尽管技术平台为用户提供了交流的渠道，但这种交流通常是基于任务和需求的，缺乏深度的情感交流和真正的互动。此外，技术平台模式难以建立真正的社区认同感和归属感，因为用户之间的关系是基于交易和使用的，而不是基于共享的兴趣和价值观。

（2）技术平台模式的用户数据控制问题。技术平台模式往往需要收集大量用户数据以实现精准推送和个性化服务。然而，这种数据收集和使用引发了越来越多的隐私和安全问题，导致用户对技术平台的信任度下降。

因此，在技术平台模式下，信息的传递是单向的，用户只能被动地接收信息，无法真正地参与其中。此外，在技术平台模式下，用户之间的联系是间接的，缺乏深度的互动与交流。这种模式难以满足人们对于更高层次社交互动的需求。

2. 关系网络模式的优势

关系网络模式是一种新的社交模式，强调个体之间的关系和互动，信息的传递更加双向，为用户提供更加个性化和真实的社交体验。在这种模式下，个体之间的联系更加紧密，人们可以自由地表达自己的观点和情感，从而与他人进行深入的交流和互动。与技术平台模式相比，关系网络模式具有以下优势：

（1）强化用户关系。关系网络模式的核心是用户之间的关系。这种模式允许用户之间进行双向互动，也鼓励用户之间建立真实、紧密的联系，通过共享兴趣、经验和价值观来增强彼此的联系。与技术平台模式的交易性互动不同，关系网络模式注重情感交流和认同感的建立，从基于信息传递的表面联系，深入到认知层面的联系。

（2）个性化用户体验。关系网络模式能够根据用户的偏好和行为，提供更加个性化和定制化的服务。通过分析用户在关系网络中的行为和互动，关系网络模式可以为用户推荐更加贴合其需求的内容和服务，从而提高用户的满意度和忠诚度。

（3）数据隐私和安全。关系网络模式对用户数据的保护更加重视。这种模式鼓励用户自主控制自己的数据，而不是将数据控制权交给平台。在关系网络模式下，通过加强用户对自身数据的控制，提高了用户对该种模式的信任度和安全感。

（4）社区力量。关系网络模式能够更好地发挥社区力量。在这种模式下，用户可以根据自己的兴趣加入不同的社区，与其他用户共同分享和交流心得。这种社区化的互动方式能够激发用户的参与感和归属感，形成更加紧密和有活力的社区。

3. 关系网络模式成功案例分析

微信作为一款成功的社交媒体应用软件，其核心就是关系网络模式。微信不仅提供了一个通信平台，还通过朋友圈、公众号等功能，让用户之间建立起了紧密的联系。人们可以在微信上与朋友实时交流、分享生活点滴、发表观点等，形成了一个真实的社交网络。微信还通过小程序等创新功能，为用户提供了更加个性化和便捷的服务，满足了用户的不同需求。与技术平台模式相比，以关系网络模式为核心的微信注重的是用户之间的情感交流和互动，而不仅仅是信息传递和交易完成。这使得微信在社交领域获得了巨大成功，并推动了关系网络模式的发展和应用。

领英作为全球最大的职业社交平台之一，也采用了关系网络模式。用户可以在领英上建立个人档案、发布动态、寻找工作机会等，与其他专业人士进行互动和交流。领英通过推荐算法和个性化服务，使用户能够更好地拓展职业网络和发现机会。与技术平台模式相比，领英更加注重用户的职业发展和人际关系的建立。目前，通过提供专业的服务和个性化体验，领英已成为全球职业人士必备的工具之一。

爱彼迎（Airbnb）是一个以技术平台模式为主的共享经济公司，但其成功的背后离不开关系网络模式的支撑。爱彼迎让房东和租客之间建立了直接的联系，通过评价系统和社区支持建立起信任关系。这种关系网络简化了交易过程，为用户提供了更加个性化和真实的住宿体验。与传统的酒店预订平台相比，爱彼迎注重的是人际关系和信任的建立，而不仅仅是一个交易平台。这使得爱彼迎在共享经济领域取得了巨大成功，并推动了关系网络模式在该领域的应用和发展。

综上所述，关系网络模式通过紧密的用户联系、双向的互动方式、个性化和定制化的服务以及社区力量的发挥，正在改变人们的生活方式。在未来，我们有理由相信关系网络模式将在更多的领域发挥其独特的优势和潜力，引领社会的发展和进步。

高阶轻资产驱动规模重资产模式

随着全球经济的不断发展和变革，企业的经营模式也在不断地演变和创新。企业的成功不再仅仅依赖于拥有重资产，而更多地在于如何高效地管理和运用这些资产。轻资产模式正逐渐成为一种趋势，这种模式强调以轻资产的高阶价值创造为核心，通过集中于核心业务，提高资产效率，驱动规模重资产的有效运作，从而实现企业价值的最大化。

1. 高阶轻资产的价值创造

高阶轻资产是指那些具有高附加值、低成本、低风险的轻资产，如品牌、技术、人力资源、数据等。这些资产通常不占用大量的实物资源，但却能为企业创造巨大的价值。因此，高阶轻资产的价值创造主要体现在以下四个方面。

（1）品牌建设。通过塑造品牌形象、提升品牌价值来增加产品或服务的附加值。强大的品牌可以为企业带来忠诚的用户群体和市场份额优势，从而实现长期稳定的增长。

（2）技术创新。通过不断的技术研发和创新，开发出具有竞争力的产品或服务，提高企业的市场地位和盈利能力。技术优势可以帮助企业在市场中占据主导地位，获取高额的利润回报。

（3）人力资源管理。培养和留住高素质人才，激发员工的创新力和生产力，是企业高阶轻资产的重要组成部分。优秀的人才不仅可以为企业创造价值，还能吸引更多的优秀人才加入，形成良性循环。

（4）数据驱动。通过收集、分析和利用数据，企业可以更好地理解用户需求、优化运营管理、制定精准的市场策略等，从而提升竞争优势和盈利能力。

2. 规模重资产的有效运作

规模重资产是指企业的固定资产和大规模投资，如工厂、设备、存货等。这些资产通常占用大量的资金和资源，但通过有效的运作和管理，可以实现规模经济和降低成本。规模重资产的有效运作主要体现在以下四个方面。

（1）精益生产。通过精细化的生产管理、流程优化和技术升级，降低生产成本，提高生产效率，实现规模经济效益，来帮助企业更好地控制成本、减少浪费。

（2）供应链管理。优化供应链管理可以提高企业的采购、生产和分销效率，降低整体运营成本。通过与供应商建立长期的合作关系、实现库存优化、提高物流效率等措施，企业可以更好地管理规模重资产，实现价值最大化。

（3）质量管理。通过严格的质量控制和持续的质量改进，提高产品的合格率和用户满意度，从而降低售后服务成本和用户流失率。质量管理是确保规模重资产有效运作的重要环节，有助于维护企业的品牌形象和市场地位。

（4）财务管理。有效的财务管理可以帮助企业合理规划资金使用、降低财务风险、实现资本运作效益最大化。财务管理涉及企业的资金筹措、投资决策、成本控制等方面。

3. 高阶轻资产驱动规模重资产模式的实践应用

高阶轻资产驱动规模重资产模式的核心在于优化资源配置、提升企业核心竞争力。其理论基础主要包括价值链、资源和创新三大方面（见图2-4）。

价值链理论	资源基础理论	创新理论
企业价值链是企业核心竞争力的源泉。通过优化价值链，企业可以更加专注于高附加值环节，从而建立高价值资产	企业资源是企业竞争优势的基础。高阶轻资产模式强调企业应集中优势资源，提高资源利用效率，从而建立高价值资产	创新是企业发展的重要驱动力。高阶轻资产模式鼓励企业在核心业务上加大创新投入，从而提升企业的核心竞争力
01	02	03

图2-4　高阶轻资产驱动规模重资产模式的理论基础

随着商业模式和管理理念的不断创新，"高阶轻资产驱动规模重资产模式"在越来越多的行业中得到实践和应用。以下是四个典型的案例分析。

（1）阿里巴巴。以电商平台为核心，通过技术驱动，优化价值链，打造高价值资产。

阿里巴巴的成功秘诀在于构建了完整的电商生态系统。阿里巴巴并不直接参与商品的生产和销售，而是通过提供平台、支付、物流等基础设施，聚集大量的商家和消费者。这种轻资产模式使得阿里巴巴能够迅速扩大规模，降低运营成本。同时，阿里巴巴通过云计算、大数据等技术手段，成功提高了平台运营效率，提升了用户体验，通过大数据分析为商家提供了精准营销。此外，阿里巴巴还通过投资和并购等方式，拓展了金融、物流等业务领域，进一步提升了企业的核心竞争力。这些举措使得阿里巴巴在电商领域建立起高价值资产，实现了持续发展。

（2）京东。以物流为核心竞争力，通过精细化管理，打造高效重资产运营体系。

京东的成功在于其强大的物流体系。首先，通过大规模投资建设仓储、配送等基础设施，京东建立了高效的物流网络。其次，京东通过精细化的管理手段，不断优化物流体系，提高运营效率。最后，京东通过大数据等技术手段，实现了对物流体系的智能化管理，进一步提高了运营效率。这些举措使得京东在电商领域建立起了高效的重资产运营体系，提高了企业的核心竞争力。

（3）奈飞（Netflix）以内容为王，通过原创输出，扩大内容库，打造轻资产架构。

奈飞的成功在很大程度上归功于转型对内容的重视。起初，奈飞以邮寄DVD租赁服务起家，随着技术的进步和用户需求的转变，奈飞逐步将重心转向在线流媒体服务。这种转型的关键在于其对内容的重视。通过大数据分析，奈飞准确地了解了观众的喜好，从而投资于原创内容，与知名制片公司和导演合作，推出了一系列热播剧集，如《纸牌屋》和《王冠》等，既增强了用户黏性，也提高了品牌的认知度。同时，随着内容库的扩大，奈飞得以与各种设备厂商合作，将内容推广至各种终端，实现了规模扩张。

（4）特斯拉（Tesla）以智能制造为核心，通过自主研发实现了轻资产对重资产的替代。

特斯拉的成功在于将技术与制造业相结合。特斯拉通过自主研发电池技术和电机控制系统，掌握了核心零部件的生产。同时，特斯拉采用智能制造技术，实现了生产线的自动化和数字化，提高了生产效率。这种重资产投入使得特斯拉能够在保证产品质量的同时降低成本。此外，特斯拉还通过与软件公司合作，将智能互联技术融入汽车中，为用户提供了全新的驾驶体验。通过轻资产模式对软件的运营和维护，特斯拉在市场上取得了竞争优势。

4. 结论与建议

通过上述理论与实践案例的分析，可以得出四项结论：①高阶轻资产驱动规模重资产模式是建立高价值资产的有效途径。②企业应专注于核心业务，加大技术投入和模式创新。③企业应重视资源的高效利用和优化配置。④企业应建立高效的管理体系和智能化运营模式。

基于以上结论，我们提出四项建议：①企业应明确自身核心业务和优势资源，制定有针对性的发展策略。②企业应加大技术研发和创新投入，提高核心竞争力。③企业应注重资源的优化配置和高效利用。④企业应建立精细化的管理体系和智能化运营模式。

"技近乎道"，极致之处必有高利润

中国古人讲"技近乎道"，意指技能与道相通，日臻完善时，便能领悟到更高层次的真谛。这个道理同样适用于现代商业领域。在现代商业领域，技术也起着至关重要的作用。企业通过不断的技术创新和品质提升，可以达到一种极致状态，从而获得高利润。

在商业世界里，利润是企业生存与发展的基石，高利润往往来源于产品或服务的独特性和高品质。一个企业若能在技术和品质上做到极致，其产品或服务便能获得消费者的认可，进而获得高利润。但因为构建无人能够模仿的技术能力并不简单，其内容既广且深，且因为需要长时间的基础打磨，因此许多企业在追求高利润的过程中，常常会有意或无意地忽视技术和创新的重要性。

多年前，有一位资深企业家跟我说过一句让我深感震动的话："作为向目标用户群体提供的一个体系、一种架构，构建极致能力的代价往往极其高昂，且失败率很高。"

以不动产开发项目为例，盖一幢大楼的建筑工程包括打地基，盖楼体，建设施，做内、外部构造，搞场地建设，进行样板间装修等多个方面。而所有这些工程阶段还需要细分为若干个子工程，需要用到不同的资源。

如果某个项目涉及具体的产品，如一款高科技产品，则架构的复杂程度会成倍增加。首先是产品研发阶段（包括前期的市场调研、中期的研发调试、后期的测试改进等);其次是供应链管理阶段(包括物资调配、人员调配、生产和物流环节等);最后是用户关系管理(包括市场推广、产品销售、售后服务环节等)……所有环节都需要用到人、财、物、关系,都需要用到组织架构和信息获取系统、信息交换系统、信息反馈系统等,诸多软件和硬件,以及多到数不过来的专业知识和技术。将所有的人、财、物、关系,所有的软硬件,所有的知识与技术串联起来,就形成了一个个具体的工作团队,涉及人员与组织、会计与财务、信息系统、经营管理、市场营销、行政后勤等。

乍看一下,这一环扣一环、一节连一节的形势令人迷茫,但若用价值医疗概念提出者迈克尔·波特的"价值链"来解读,整条逻辑线条便立即清晰起来(见图2-5)。

图2-5 "价值链"理论

当我们从"价值链"的视角重新审视掌握无人能够模仿的技术能力时就可以更好地理解了,只有技术层级达到了,"价值链"的价值等级才能确立起来,企业的高价值和因此而获取的高利润才成为可能。理解了这些之后,再来思考那位资深企业家的话,构建极致能力的价值虽然大、失败率也高,但这一切都是值得的,因此他总结"这一切还必须要做,因为企业想要做大,想要获得高利润,这是必经之路"。

苹果公司的成功，不仅在于其对技术的执着追求和不断突破，更在于其将技术、设计、用户体验和商业模式融为一体，通过"技近乎道"的理念，创造出一个个让用户尖叫的产品。

苹果的成功，始于斯蒂夫·乔布斯对完美的追求。乔布斯认为，技术并不是冷酷无情的，而是需要注入人类的灵魂。这种对完美的追求，让苹果在产品设计上始终处于领先地位。每一款苹果产品，无论是硬件还是软件，都是艺术和科技的完美结合。乔布斯的哲学是，只有追求极致，才能赢得用户的信任和忠诚。

而在追求极致的过程中，苹果也发现了更多的商机。例如，苹果从音乐播放器起家，逐步扩展到手机、平板、电脑、智能手表等多个领域。每一款产品都充满了技术创新，每一个细节都力求完美。这种对极致的追求，让苹果在每一个领域都取得了高市场份额和高利润率。

此外，苹果的成功也得益于其强大的生态价值链。苹果通过自家的操作系统、应用商店和云服务，构建了一个完整的生态系统，为用户提供了"一站式"解决方案。这种生态系统不仅提高了用户体验，也使得苹果能够更好地控制产品质量和用户体验，从而获取更高的利润。

然而，"技近乎道"的理念并非一家独有。随着智能手机市场的饱和和竞争的加剧，苹果的营收和利润也开始面临压力。此外，随着中国等新兴市场的崛起，苹果也需要寻找新的增长点。在这种情况下，苹果开始布局智能家居、人工智能等领域，进一步拓展其生态系统的边界。

这些新领域的拓展，苹果同样体现了"技近乎道"的理念。例如，苹果在智能家居领域的布局，不仅仅是提供硬件产品，更是通过软件和服务来提升用户体验。苹果 HomeKit 平台能够让用户通过 iPhone、iPad 或 Apple Watch 远程控制家里的灯光、窗帘、空调等设备，还可以设置自动化场景，提高生活的便利性和舒适度。

同时，苹果在人工智能领域的布局也体现了"技近乎道"的理念。苹果通过 Siri 语音助手、Face ID 面部识别等技术，提高了产品的智能化水平，为用户提供了更加便捷和个性化的服务。这些技术的背后是苹果强大的芯片设计和软件开发能力以及对用户体验的深入了解。

综上所述，"技近乎道"是苹果成功的关键所在。通过追求极致的技术和用户体验，苹果创造了一系列具有影响力的产品和服务，实现了商业经营的成功。同时，"技近乎道"的理念也提醒我们，在商业活动中应该始终关注技术和用户体验的提升，以最快抓住新商机，实现长期的竞争优势和高利润率。

说到新商机，绝非常规理解的从零开始的绝对意义上的新事物。新商机的出现一定是建立在现有事物的基础之上的。有些人认为，新商机是用户需求带来的，这句话有一定的道理，但并非绝对正确。因为仅凭需求本身未必能够带来创新，尤其是特别重大的、革命性的创新，人性总是不喜欢跳出舒适圈的，更不愿意主动去适应未知的新事物。

用一个公式来概括，就是：既有需求 × 新技术（新能力）= 新的市场目标与价值。

就像苹果的智能手机，在最初阶段不是用户需求的，而是苹果通过自己的智能手机产品引导用户产生了对智能手机的广泛需求和进一步的需求。因此，新事物的诞生必须要有一颗种子，一个源于外部世界的特殊刺激，一个特别的契机，才能真正诱发创新，产生颠覆性创新。

自创红利需要具备一种开拓者的勇气

在商业世界里，红利常常被视为企业成功的标志之一。然而，许多企业往往过于依赖外部红利，如政策红利、资源红利等，而忽略了自创红利的重要性。事实上，自创红利不仅是一种经营理念，更需具备一种开拓者的勇气。

自创红利可以分为企业内部自创和企业外部自创两大类。内部自创红利是企业通过自身努力和创新，在经营活动中创造出的额外收益或优势。这种收益或优势不是依靠外部因素，而是源于企业内部的管理、技术和商业模式等方面的创新。外部自创红利是企业对外部资源的循环再利用，与"变废为宝"有些类似，将其他企业淘汰的东西改造成新产品。无论是内部自创还是外部自创，自创红利模式都是企业自身实力的体现，通常能够为企业带来以下四个方面的优势。

（1）提高企业盈利能力。通过自创红利获得更多的利润空间，从而提高盈利能力。

（2）增强企业竞争力。通过自创红利在市场上获得更大的竞争优势，提高市场份额。

（3）推动企业创新。自创红利需要不断创新，从而促进企业技术和管理水平的提升。

（4）提升企业品牌形象。通过自创红利获得更多的社会关注和认可，提升品牌形象。

企业可以通过优化内部管理流程、提高效率等方式创造额外收益。企业还可以通过研发新技术、新产品等方式创造技术优势。因此，企业自创红利就是通过创新商业模式、营销策略等方式获得竞争优势。下面结合案例对企业内部自创红利和外部自创红利进行详细阐述。

企业内部自创红利案例：

华为公司是全球知名的通信设备制造商和信息解决方案提供商，每年投入大量资金进行技术研发，不断推出具有自主知识产权的技术和产品。通过持续的技术创新和管理创新，华为在通信设备、智能手机等领域取得了显著的竞争优势，实现了自创红利的持续增长。

华为的自创红利不仅体现在产品技术的领先上，还体现在其高效的管理体系和商业模式上。华为推行全员持股制度，激发了员工的积极性和创造力。同时，华为通过建立全球化的销售网络和服务体系，实现了品牌价值和市场份额的不断提升。这些自创红利使得华为在全球通信市场上占据了重要地位，成为行业的佼佼者。

企业外部自创红利案例：

德国双重系统有限公司作为废物回收领域的佼佼者，主要处理垃圾和包装材料。该公司引入的绿点标识表明材料是否可以被回收进行循环利用。如果这个标识是由双重系统公司自己贴的，那么则该公司就是典型的垃圾回收处理企业，与外部自创红利就没有关系了。但该公司授权生产商使用印有绿点标识的包装材料，整个垃圾处理项目整合了包装生产商和产品生产商，将他们一并纳入循环体系中，以持续利用免费的废旧资源。这便是典型的外部自创红利模式。

双重系统公司的外部自创红利不仅建立在企业与合作方的层面上，还加入了市政方面，即通过公司系统和市政废物收集系统实现了广泛的物质循环利用。通过向其他公司授权使用绿点标识，双重系统公司可以获得不菲的收入；通过日益增长的环保形象、回收过程中的廉价原料和较低的废物处理成本，又让其他使用绿点标识的企业也受益匪浅。

自创红利是企业通过自身努力和创新，在经营活动中创造出的额外收益或优势。要实现自创红利，企业必须培养开拓者精神，即勇于创新、敢于尝试、不断进取的精神。首先，企业需要鼓励员工敢于突破传统思维和框架，勇于提出新的想法和解决方案。同时，要营造一种鼓励创新、宽容失败的文化氛围，让员工敢于尝试、不怕失败。

其次，企业需要加强研发和创新投入，通过引进先进技术、自主研发等方式提高自身技术实力。在这个过程中，企业必须注重知识产权保护，确保自身技术创新得到充分回报，并且通过与高校、科研机构等合作，共同推进技术创新和研发成果的转化应用。

再次，企业需要对自身商业模式进行持续优化，寻找最佳的市场定位和盈利模式。企业应不断尝试新的营销策略，如个性化定制、线上线下融合等，提高品牌知名度和市场份额。企业需关注用户需求的变化，及时调整商业模式和营销策略。

最后，企业需要建立高效的管理体系，优化内部流程、提高运营效率。具体来说，可以从以下四个方面入手：①加强组织结构调整和管理团队建设。②推行全面质量管理、精益生产等先进管理方法。③建立完善的信息管理系统和决策支持系统。④加强人力资源管理，提高员工素质和能力。通过这些措施的落实，企业可以进一步挖掘内部潜力、提高运营效率，在不断探索和创新中创造属于自己的红利。

自创红利是一个持续的过程，需要企业在不断的创新和改进中实现自我超越。企业需要建立一种持续改进的文化氛围，鼓励员工不断学习和成长；关注行业发展趋势和市场需求变化，及时调整自身战略和业务方向；注重与其他企业的合作与交流，借鉴先进经验和做法，不断提高自身竞争力和自创红利水平。在未来的商业竞争中，自创红利将成为企业竞争力的重要组成部分，也是衡量一个企业创新能力的重要指标。

提升心灵品质，做细分赛道的佼佼者

在现代商业社会，每一个企业家都渴望成为其所在细分市场的佼佼者，但成功并非易事。除了常规的市场策略、产品创新、品牌建设外，还有一个常常被忽视的关键因素，那就是心灵品质。

心灵品质主要是指人的道德品质、思想境界、情感智慧等方面的素养。在企业管理中，心灵品质主要体现在企业家和员工的价值观、责任心、团队协作精神等方面，这些品质对企业的决策质量、执行效率、创新能力和团队凝聚力等具有深远影响。一个具有高尚心灵品质的企业，其员工会展现出高度的责任心、团队协作精神和对企业的忠诚。这样的企业更有可能做出符合长远利益的战略决策，并且在执行层面也更为高效。

当我们深入研究那些在细分市场表现卓越的企业时，就会发现其背后的团队往往具备卓越的心灵品质：他们不畏艰难，坚守初心；他们真诚对待每一位用户，提供超出期望的服务；他们相互支持，为共同的目标而努力。正是这种内在的品质，使他们能够在激烈的市场竞争中脱颖而出。那么，究竟该如何提升心灵品质呢？我们给出如下方法。

（1）从企业家自身做起。作为企业的引领者，企业家需要具备高瞻远瞩的视野、勇于担当的品质和诚实守信的道德标准。通过自身的行为示范，影响和塑造企业文化。

（2）强化团队意识与合作精神。企业家应注重培养员工的团队精神，鼓励员工相互支持、协作共赢。通过团队建设、内部沟通等方式,增强员工的集体荣誉感和归属感,提高团队协作效率。

(3) 培养学习与创新思维。提升心灵品质需要不断学习新知识、新技能,培养创新思维。企业应鼓励员工自主学习,为员工提供培训和发展机会。同时,企业家应关注行业动态,不断调整战略方向,以创新应对市场变化。

因此,提升心灵品质对于企业在细分市场取得成功具有至关重要的作用。高尚的心灵品质不仅有助于企业作出明智的决策、提供优质的产品和服务,还能增强团队的凝聚力,赢得用户的信任。

企业要想脱颖而出,必须找准自己的细分市场。企业应该在深入理解用户需求的基础上,不断创新产品与服务,优化产品设计,提升服务质量,提高用户满意度,从而在细分市场中树立品牌形象。

CARGO 是在 Uber、Lyft 等网约车服务平台上的便利店服务运营商。CARGO 向司机免费提供充电器、食品饮料等套装产品,乘客则可以通过商品收纳箱扫码登录 CARGO 电商网页购物,而司机则可以得到售价所得的 25%。

这种商业模式产生的背景源于共享服务。为了提高工作收益率,三分之二的司机会同时兼职其他业务,为提高乘客的好评而促成更多订单,司机甚至会为乘客提供免费餐食。

共享服务是一个大赛道,通过快速的发展,其下已经衍生出越来越多的细分赛道,"车内便利店"便是细分赛道之一。"车内便利店"模式以 CARGO 系统为核心,以司机和乘客为交互对象,将商品收纳箱作为载体,链接供应商并结合出行共享服务,形成一条完整的收益价值链(见图 2-6)。

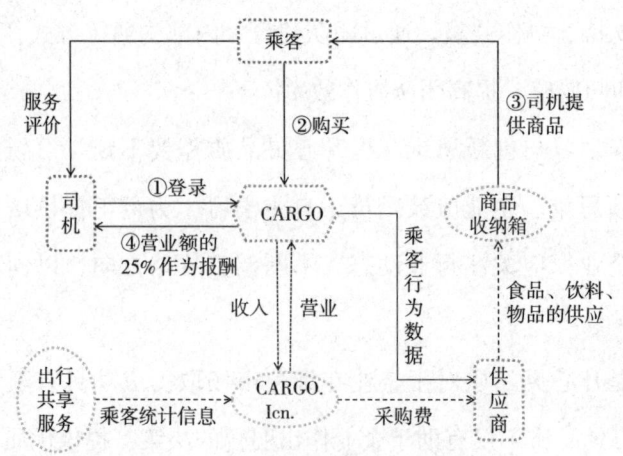

图2-6 CARGO车内便利店运作流程

图2-6的详细解释如下：

通过车载设备可以链接到CARGO的网页，能购买食品、饮料、充电器等商品；乘客使用CARGO后能够增加好评率，让司机接单更容易；供应商能够获得传统销售渠道未曾涉猎过的新消费者人群，并根据商品售卖情况为CARGO供货；司机在收纳箱内放入食品、饮料等各类商品套装，由CARGO免费提供；随着出行共享服务范围的扩大，司机的人均收入在减少，但因为有了CARGO系统，故而司机可以获得新的收入来源。

一直以来，仅靠乘车费获得收益的司机，在无须任何额外负担的情况下可以创造新的收入来源；而共享出行的用户也在这套系统中获得了便利。对于Uber、Lyft等出行共享服务，则随着司机收入来源的增加，其平台的基础收入也得到了提高。

可以说，CARGO是切入用户心智的运营模式，不仅将乘客、司机纳入了用户范畴，将商品制造商和供应商、出行共享服务商、CARGO公司本身都纳入了用户范畴，让各方在交易中都得到了利益，这样的经营模式就是对心灵品质的最大滋养。因此，能够滋养用户心灵的企业，其在细分赛道中必然是佼佼者。

认知领先模式其实就是一座"收费站"

中国改革开放以来的商业发展，就像是一部波澜壮阔的史诗，既有粗放式的狂飙突进，也有精细化的转型升级。下面就让我们一起来回顾一下这段充满变革的历史。

回溯到改革开放初期，中国的商业领域就像一块未经雕琢的璞玉，蕴含着巨大的潜力。那个时候，市场经济的春风刚刚吹起，一切都处于野蛮生长的状态。不少有胆识的商人嗅到了机会，他们如同拓荒者一般，勇敢地踏上了商业探索之路。

那个时候的商业模式相对简单，基本上是"只要有货就能卖"的粗放模式。商人只要能找到货源，就能在市场上找到买家。然而，这种模式的问题也逐渐暴露出来——缺乏质量保障、同质化竞争严重、市场秩序混乱等。

面对这些问题，一部分有远见的商人开始意识到，粗放式的发展模式已经不能满足市场的需求，转型升级势在必行。于是，他们开始尝试探索新的商业模式，以适应市场的变化。

新的商业模式推出后，随着时间的推移逐渐成熟，并开始引领市场潮流。新的商业模式更加注重产品质量、品牌建设、差异化竞争等方面，通过提供优质的服务和产品来赢得消费者的青睐。这种模式的特点是基于市场环境的深入洞察，能够灵活应对市场的变化，从而实现可持续发展。

在新的商业模式影响下，整个商业生态也逐渐向着更加健康的方向发展。消费者享受到了更加多样化和更高品质的产品与服务；企业也在激烈的市场竞争中不断提升自身实力，推动了整个行业的进步；政府也加强了对市场的监管，促进了公平竞争和行业秩序的建立。

认知领先模式是中国商业发展的另一个重要方面。这种模式要求企业在市场竞争中保持领先地位，通过不断创新和提升自身实力来获得竞争优势。全国统一大市场的建设成为商业发展的必要条件，便是建立在认知领先模式基础之上的。只有建立了统一、开放、竞争、有序的市场体系，才能够实现资源的优化配置和商业的可持续发展。

认知领先模式强调企业应首先在特定领域形成独特的认知，并以此为基础引领行业发展，从而在市场竞争中占据有利地位。

认知领先模式的理论基础主要源自于市场营销学和心理学。市场营销学认为，消费者在购买决策过程中往往受到认知因素的影响。因此，企业可以通过形成独特的认知，影响消费者的购买决策，从而实现市场领先。心理学则从人类认知过程的角度出发，认为认知是个体认识世界的过程，企业可以通过深入研究消费者的认知心理，形成独特的认知观点，引领行业发展。

对于中小企业而言，实现认知领先的办法是打造认知产品。我们认为，包括产品发布会在内的所有传播活动，都是小米的认知产品。小米非常擅长在自己的发布会上借助顶级供应商的势能为自己造势，如雷军经常强调小米的供应商大军中包含高通、夏普、索尼等世界顶级品牌。这等于在告诉消费者，小米手机别看价格低，但品质一流，小米手机"低价不低质"的品牌形象由此确立。进行这种认知造势之后，消费者会很自然地将小米手机与苹果手机放在一起比较，这样小米手机的价格就显得很良心了。

成本领先的目的，就是用同样的成本制造更优质的产品。认知领先的目的，则是用同样的成本打造更优秀的品牌。卖产品不能脱离产品价值的本身，卖品牌则可以几乎无上限地拉高产品价格，只要消费者认可品牌具有与售价同等的高价值即可。路易·威登的丝巾几千元一条，但是顾客觉得丝巾并不贵，但如果同等质量的丝巾在某百货商场里卖 100 元／条，无疑顾客就会觉得很贵。这两者的差别就在于路易·威登实现了认知领先。用一个公式表示，即认知领先的空间－成本领先的空间＝利润空间。

这个世界上没有多少商品真正具有性价比，绝大多数人并不理解什么是性价比，性价比并不是卖得更便宜，而是让顾客感觉商品卖得很便宜。什么情况下能让顾客对一件价格高到已经远远超脱产品价值本身的产品产生卖得很便宜的感觉呢？就是在做到认知领先之后。性价比在这个时候已经完全失效了，企业如同设立了一座座"收费站"，消费者只要来消费就要经过"收费站"，就会留下相关的利润。那么，究竟该如何做到认知领先呢？

1. 调高认知竞争的门槛

打造认知领先的重要条件是投入资金。如果没有资金投入，认知领先就是一句空话。但国内品牌常常认为资金投入是消费，而不是投资，所以在这方面常常做得很不彻底。卡尔·克劳塞维茨说："没有人在跨越战壕的时候只迈半步，两个半步加起来并不等于一步。"

在战略正确的前提下，占据认知的资源要准备足够，要敢于在认知战场发起大决战。从对各类商业认知竞争的分析中得到的结论：企业必须投入足够量甚至超出必要量的资金才能打退竞争对手。宝洁公司每年在中国的广告投入达到十几亿元，抬高了认知竞争的门槛和认知端的知名度。因此，只有把资金投入视为投资，才能在认知中领先。毕竟消费者购买的就是品牌，更确切地说，消费者购买的是企业的资金投入。

2. 把事实转化为认知

事实上，领先并不代表认知上的领先，认知上的领先却可以导致事实上的领先。事实再领先，若不能转化为认知上的领先，则领先就毫无意义，迟早会被认知领先者超越。

百事可乐曾做过街头口味测试，在不看品牌的前提下让消费者品尝百事可乐和可口可乐，测试显示百事可乐更好喝。百事可乐把这个测试实验在电视上投放广告，那一年销量增长了4%。

皇冠可乐也做了口味测试，结果显示皇冠可乐比可口可乐好喝。但是那一年的皇冠可乐销量不升反降，因为没有告诉消费者这个事实。

事实虽然胜于雄辩，但前提还是要进行"雄辩"才能将事实扩散出去。企业必须"广而告之"让消费者看到，将事实领先转化为认知领先。

3. 塑造外部普遍性认知

很多人只要遇到便宜的东西，首先会想到会不会是质量不过关？消费者这样想没有错，但如果企业也这样想就大错特错了。因为企业并不相信消费者的判断能力，这就足以说明企业的认知高度不够。

想一想，蜜雪冰城卖得很便宜，你在第一次购买时内心会不会也有质量上的担忧：这么便宜的东西能干净吗？但如果你转念又想：人家门店都过万元了，质量肯定过关。

支撑你产生这种认知的是"船小好掉头"的思维，因为越多门店的连锁品牌犯错的成本越高。这一点品牌知道，消费者也知道。更为重要的是，品牌知道消费者知道，消费者也知道品牌知道自己知道。

4. 塑造认知事

现在问你：天然水是什么味道？如果你喝过农夫山泉，你可能会脱口而出"有点甜"。因为农夫山泉一直在告诉消费者：农夫山泉有点甜。但事实上，天然水的味道是有点涩的。但农夫山泉却制造了一种认知上的事实，让消费者都相信了天然水有点甜。

消费者的舌头其实没有那么敏感，也没有那么矫情，真的哪一天喝到了涩一点的天然水，其实也不太能分辨得出来。但消费者的头脑是必须要分辨这些的，哪怕只是无意义的分辨，这就决定了塑造认知事实的重要性，企业必须让自己的品牌在消费者的头脑中形成事实认知,也就是调整消费者的认知,这样才能将产品深植于消费者的脑海中。

5. 持续引领认知

成就英特尔地位的安迪·格鲁夫说:"太阳微系统公司、摩托罗拉公司的处理器比英特尔的设计更合理,但是市场表现不如英特尔。"

听了这句话,有种"劣币驱逐良币"的意思,但驱逐其他处理器的并不是英特尔,而是他们自己。太阳微系统公司的处理器是每36个月推出一款性能较之前版本功能提升4倍的处理器,而英特尔是每18个月推出一款性能较之前版本功能提升2倍的处理器。其实,从时间概念上来看,双方都是一样的。但从占领消费者认知上来看,双方的差距就太过明显了,太阳微系统公司的本意是想为消费者省钱,毕竟三年推出一个版本比一年半就推出一个版本更能让消费者降低更新换代的欲望和频率。但太阳微系统公司没有预料到的是,研发周期太长会让消费者逐渐忘记自己。相反,英特尔却总是能及时刷新市场关注度,在认知上始终领先一步。

企业成功发展的经验证明,认知一旦形成领先,就很难被复制。企业必须关注市场和消费者需求的变化趋势,不断调整和优化自身的认知领先策略。

第三章 高利润模式的背后是人性

高利润模式的背后，其实是人性的体现。人们总会有追求更好生活的渴望，愿意为了获得更高的价值和满足感付出更多的金钱。因此，理解并利用人性，满足人们的深层次需求，是企业创造高利润的关键。同时，人性中的贪婪和恐惧也会影响市场供求关系，为企业提供获取超额利润的机会。

高价产品和服务是建立自我身份的游戏

在现代社会中，我们时常能观察到一个有趣的现象：尽管市场上存在着大量价格合理的商品和服务，但仍有许多消费者愿意为高价产品和服务买单。他们为什么会做出这样的选择呢？背后的动机是什么呢？

有人认为高价产品和服务是一种不负责任的行为，因为它将负担转嫁到了消费者身上；而另一些人则认为高价是合理的，因为它代表了品质和价值。可见，关于"高价"的争论还是非常激烈的。无论是哪一种观点，都不可否认"高价"可能会带来"高利润"，但能否真正实现"高利润"，就要看"高价"的制定是否合理了。因此，在深入探讨这个问题之前，我们首先需要明确一个观点：高价并不一定意味着不合理或者剥削消费者。在某些情况下，高价恰恰是商品或服务价值的体现，如品牌效应、独特的设计、优质的服务和无可替代的体验等。这正是"高价都是买身份，身份经济永不衰亡"

的核心所在。

在现代社会，人们不仅追求物质上的满足，更追求精神上的满足。他们愿意为那些能够彰显自己身份、品位和价值观的产品和服务买单。因此，高价产品和服务实际上是提供了一种特殊的价值：它们帮助消费者在社交场合展现自己的身份和地位，满足其心理需求。下面就让我们通过一些具体的案例来深入探讨一下这个问题。

案例1：奢侈品牌

奢侈品牌如LV、爱马仕、卡地亚等，其产品价格往往令人咋舌。但这些品牌却吸引了无数消费者，其中不乏大批的年轻人。这是因为奢侈品牌所代表的不仅仅是高品质产品，更是一种身份的象征。购买奢侈品的人们希望通过这种方式来展现自己的社会地位和个人成就。奢侈品市场之所以能够持续繁荣，正是因为它从人性的层面满足了消费者对于身份和地位的追求。

案例2：高端科技产品

高端科技产品如苹果公司的iPhone、iPad等，其价格也相对较高。但是，这些产品之所以能够获得消费者的青睐，并不仅仅是因为它们的性能和品质。苹果品牌所代表的独特品位、创新精神和独特的设计风格，都是消费者愿意为之买单的重要因素。通过使用苹果产品，消费者可以展现自己时尚、创新和独特的个人魅力。

案例3：高端旅游市场

高端旅游市场如私人定制旅行、奢华旅游等，其服务价格相对较高。然而，这种高价并没有阻止消费者的热情。对于许多中产阶层和富裕阶层的人来说，一次独特的、高品质的旅行体验是展现自己品位和价值观的重要方式。通过选择高端旅游服务，人们可以在旅行中体验到与众不同的服务和设施，同时和那些与自己有着相同品位和价值观的人建立联系。

高价产品和服务提供了一种机会，使消费者能够通过购买行为来定义和展示自己的身份。每个人都有自己的社会角色和身份，而这种身份往往需要一些外部标志来进行强化和确认。高价产品和服务正好满足了这一需求。就像奢侈品在社交场合常常作为一种地位的象征，拥有某种奢侈品往往能让人产生优越感和社会认同感。

企业通过精心设计和定位高价产品，可以传达出一种独特的品牌形象和价值主张。就像苹果公司的产品一直以其卓越的设计和性能而受到赞誉，再配合高昂的价格，使得购买者在一定程度上成了一个"特殊群体"。

除了产品本身的价值，企业也可以通过提供高质量服务来强化消费者对自我身份的认同。例如，高端酒店所提供的个性化服务、私人管家服务等，都是为了让消费者在享受服务的过程中体验到与众不同的尊贵感，从而产生对自我身份的认同和满足。

此外，品牌的力量在"身份经济"中也起着至关重要的作用。一个强大的品牌不仅代表了产品的品质和性能，更代表了一种生活方式、价值观和身份。消费者在选择产品时，往往会被那些与自己价值观和品位相契合的品牌所吸引。因此，企业需要打造独特的品牌形象，通过品牌故事、品牌传播等方式来吸引和维系消费者。

进行了上述探讨后，我们明白了为什么有些产品明显"高价"却还能让消费者趋之若鹜。这也进一步表明了，随着社会经济的发展和人们生活水平的提高，消费者对于自我身份的追求将会更加迫切。他们不仅希望获得物质上的满足，更希望通过消费行为来表达自己的价值观和生活态度。因此，企业需要不断创新，提供更高品质的产品和服务，来满足消费者对于自我身份的追求。

在未来，随着消费者对于自我身份和价值观的追求越来越强烈，这一趋势还将继续得以发展。企业需要把握这一趋势，设计出适合企业战略发展与消费者价值需求的商业模式，从而不断创新和完善自己的产品与战略，以适应不断变化的市场需求和消费环境。

品牌高利润模式的人性逻辑

在商业世界里，品牌的高利润模式一直是企业家和学者们关注的焦点。品牌不仅是一种标识，更是一种价值的体现。品牌所传达的形象、品位和价值观，在很大程度上决定了消费者对其的认知和评价。本节将通过分析爱马仕、欧莱雅、耐克等品牌的成功案例，探讨品牌高利润模式的背后逻辑。

首先，"品牌要美"不仅是外观上的审美，更是一种内在的价值体现。品牌的美感来自其独特的设计、精致的品质和与众不同的风格。这种美感能够引起消费者的共鸣，激发他们的购买欲望。例如，时尚品牌如Zara和H&M等，通过紧跟潮流的设计和优质的面料，吸引了大量追求时尚的消费者。这种美感不仅满足了消费者的审美需求，更体现了他们对生活品质的追求。

欧莱雅作为一个国际知名的化妆品品牌，其成功的原因之一就在于"美"的承诺。对于许多女性消费者来说，外貌和形象是至关重要的，而欧莱雅正好满足了这一需求。欧莱雅的化妆品不只是品质的保证，更是一种自信和美丽的承诺。

欧莱雅通过广告宣传和代言人的选择，成功地将自己的品牌形象与美丽、自信和魅力联系在一起，让消费者在使用欧莱雅的产品时，不仅能够获得品质的保证，更能获得一种心理上的满足和自我价值的提升。

其次，"有档次"是品牌在市场中的定位和价值的体现。一个有档次的品牌意味着高品质、独特性和高价格，其所提供的不仅是一种物质产品，更是一种精神的满足。消费者在选择有档次的品牌时，往往是为了展示自己的社会地位和品位层次。因此，品牌的高端形象和独特定位能够吸引特定的消费群体，建立稳定的忠诚度。

爱马仕作为一家奢侈品品牌，其产品价格之高令人咋舌。但为何仍有那么多消费者愿意为之买单呢？原因就在于爱马仕是一种身份的象征。在许多人的眼中，拥有爱马仕的产品意味着进入了一个特定的社会阶层。这种心理需求使得消费者愿意付出更高的价格来拥有它。

爱马仕产品不仅是物质的，更是精神的。它是一种优雅、奢华和品位的象征。这种独特的品牌形象使得消费者愿意以更高的价格来获得精神上的满足。

最后，"虚拟承诺"是品牌通过广告、宣传和营销手段向消费者传达的一种承诺或价值主张。这种承诺可以是一种生活方式的体验、一种价值观的认同或一种自我实现的追求。无论是爱马仕还是欧莱雅，它们所提供的都是一种虚拟的承诺。这种承诺与消费者的自我定位和生活方式相契合，从而激发了消费者的购买欲望。一个成功的品牌不仅需要提供高品质的产品和服务，更需要通过品牌形象和承诺满足消费者的心理需求。

运动品牌耐克所倡导的"Just Do It"精神，就是一种鼓励人们追求自我、实现梦想的虚拟承诺。消费者在购买耐克的产品时，不仅是为了获得高品质的运动装备，更是为了追求那种不服输、不断挑战自我的精神价值。

因此，虚拟承诺的重要性在于，它能满足消费者的心理需求和自我定位。每个人都有自己的价值观和生活方式，而一个成功的品牌一定能够提供一种与消费者内心深处的需求相契合的虚拟承诺。当消费者认为该品牌所代表的价值主张与自己的价值观和生活方式相吻合时，就会愿意通过消费品牌产品将自己与其他人区别开来，也因此愿意为之付出更高的代价。

其实，营销模式的本质就是用产品和服务将自己与其他人区分开。只是这种区分是有代价的，高端身份就是代价。在今天的市场竞争中，品牌的高端形象已成为企业的重要竞争优势。企业通过打造独特的品牌形象和承诺，能够吸引那些具有相似品位和价值观的消费者，从而形成稳定的消费群体。

苹果公司作为一家全球知名的科技企业，其成功的关键就在于对品牌高利润模式的精准把握。苹果的产品不仅在技术上领先，更是设计、品位和价值观的体现。它所传达的是一种简约、时尚和创新的品牌形象，吸引了大量的忠实粉丝。

苹果公司通过持续的创新和独特的营销策略，成功地将自己的品牌与竞争对手区分开来。消费者在购买苹果的产品时，不仅是获得了技术上的享受，更是获得了一种生活态度和价值观的认同。

品牌高利润模式的背后逻辑在于满足消费者的心理需求和自我定位。品牌要"美""有档次"不仅是一种外在的形象要求，更是对品牌的内在价值和用户体验的追求。而虚拟承诺作为品牌与消费者之间的心灵纽带，能够满足消费者的心理需求和自我定位，从而实现品牌的高利润模式。在未来，随着消费者需求的不断变化和市场环境的发展，品牌需要不断创新和完善自己来保持这种高利润模式。

利用群体心理情感和欲望设计商业模式

人类的情感和欲望是驱动人们行为的重要因素。创造需求的本质在于激起人们的欲望和实现情感共鸣。在商业模式设计中，了解目标群体的心理情感和欲望是至关重要的。通过深入了解消费者的需求、动机和价值观，企业可以更好地定位自己的产品或服务，并与消费者建立情感共鸣。

例如，奥特曼作为一个全球知名的 IP，它的成功不仅在于拥有强大的故事背景和好的形象设计，在很大程度上也源于对消费者心理情感和欲望的精准把握，能够深入人心地与消费者形成情感共鸣。奥特曼的形象代表了正义的力量，其所传达的友谊、团结、勇气等价值观与人们内心的情感需求不谋而合（见图3-1）。这种情感共鸣使得奥特曼成为无数人的童年回忆，并持续影响着人们的消费行为。

01
正义的力量——奥特曼商业模式的基础
奥特曼作为宇宙的守护者，拥有强大的力量，让人们产生对安全的渴望，从而对奥特曼产生信任和依赖

02
友谊与团结——奥特曼 IP 更利于让消费者接受
奥特曼是守护者的形象，与人类共同战斗，是人类的好朋友，代表了友谊和团结

03
勇气的象征——奥特曼的影响力持续扩大
奥特曼的故事充满惊险和挑战，但奥特曼从未退缩，始终勇敢地面对强敌，激发了人们内心深处的勇气和斗志，奥特曼已成为许多人的榜样

图3-1 奥特曼经典IP与消费者的情感共鸣

在了解了目标群体的心理情感和欲望之后，企业需要创造出与之相符合的产品和服务。这需要从品牌定位、产品设计、服务体验等方面入手，打造出能够引起消费者情感共鸣的产品和服务。

例如，一些企业通过赋予产品和服务特殊的意义和价值，让消费者在购买时感觉不仅是在购买一件商品或一种服务，而是在获得一种情感的满足。这种方式能够让消费者在内心深处与产品和服务产生共鸣，从而提高消费者的忠诚度和满意度。

除了产品和服务的设计，商业模式本身也需要不断创新。企业需要打破传统的思维模式，探索新的商业机会和盈利模式。这需要企业具备敏锐的市场洞察力和创新精神，不断推陈出新，以适应市场的变化和消费者的需求。

例如，一些企业通过采用订阅制、共享经济等新颖的经营方式，实现了

商业模式的创新。这些模式更加注重消费者的参与和体验，让消费者在享受产品和服务的同时，也成为企业的忠实拥趸。

此外，与消费者建立良好的互动与沟通机制，也是实现商业模式成功的关键之一。企业需要关注消费者的反馈和意见，了解他们的需求和期望，并及时调整自己的产品和服务。通过与消费者建立长期、稳定的关系，企业可以更好地满足消费者的需求，提高他们的满意度和忠诚度。

例如，一些企业通过社交媒体、线上社区等渠道，与消费者进行互动和沟通。这些渠道不仅可以及时获取消费者的反馈信息，还可以为消费者提供一个分享经验和感受的平台。这种互动与沟通机制有助于增强消费者对企业的认同感和归属感。

因此，利用群体心理情感和欲望设计商业模式，是实现商业成功的关键。企业需要深入了解目标用户群体的心理情感和欲望，创造出与之相符合的产品和服务，并不断创新商业模式以适应市场变化。同时，建立良好的互动与沟通机制，提高消费者的满意度和忠诚度。

与奥特曼类似的是迪士尼公司的卡通形象和迪士尼乐园。在迪士尼乐园里，迪士尼卡通形象与现实体验的结合，为消费者创造了一个充满奇幻与乐趣的世界。在这里，消费者可以与喜爱的卡通形象亲密互动，体验各种刺激和好玩的游乐设施。这种独特的商业模式使得迪士尼乐园成了一个全球性的旅游胜地，吸引了无数游客前来体验。

迪士尼乐园的成功在于它深入挖掘了消费者的心理情感和欲望，所营造的奇幻世界满足了人们对于快乐、梦想和美好的追求。同时，迪士尼乐园注重细节和服务质量，为消费者提供了极致的体验。这种情感共鸣和优质的服务体验让消费者对迪士尼乐园产生了很深的心理依赖，从而形成了强大的品牌忠诚度。

商业模式创新是企业发展的驱动力之一，而利用群体心理情感和欲望来设计商业模式更是企业成功的关键。未来，随着市场的变化和消费者需求的变化，企业需要更加注重情感共鸣在商业模式设计中的作用，通过不断创新产品和服务来满足消费者的需求和欲望。同时，企业也需要注重社会责任和可持续发展，以实现长期的商业成功和社会价值的共赢。

金融模式就是赚贪婪和恐惧的钱

在金融市场中，人们的行为往往受到情感和心理的影响，而非完全基于理性判断。其中，贪婪和恐惧这两种情绪，可以说是金融市场的"双刃剑"。无数投资者在这两种情绪的驱使下做出了错误的选择，也让金融市场呈现出了它的不稳定性。非理性繁荣带来的非理性财富，是目前为止人类发明的利润最高的赚钱模式，这实际上就是利用人性的弱点进行的商业游戏设计。

贪婪是人性的一种基本欲望。在金融市场中，贪婪表现为过度追求高收益，忽视风险，甚至愿意冒着巨大的风险去追求那看似唾手可得的利益。这种贪婪的心理往往导致投资者在市场过热时盲目跟风，大量买入高风险的金融产品，而忽视了这些产品可能带来的巨大损失。例如，在某些时期的房地产市场或股市中，投资者为了追求更高的回报，纷纷涌入市场，推动市场价格不断攀升。然而，当市场出现反转时，这些投资者往往会因为贪婪而无法及时抽身，最终导致巨大的损失。

恐惧，则是与贪婪相反的情绪。在金融市场中，恐惧表现为对风险的过度担忧，害怕失去已有的财富或者错失机会。这种恐惧心理常常使投资者在市场下跌时恐慌性地抛售手中的资产，从而进一步加剧市场下跌。例如，在金融危机时期，许多投资者因为恐惧而选择逃离市场，导致市场流动性急剧下降，进一步加剧了市场的动荡。

无论是贪婪还是恐惧，这两种情绪都在金融市场中起到了重要的作用。正是因为有了贪婪和恐惧这两种情绪的存在，金融市场的参与者才会在不断的交易中创造出价值。在金融市场中，这种针对人性的弱点进行的商业游戏设计表现为各种复杂的金融产品和交易策略。这些产品和策略在很大程度上是基于人们的心理预期和行为模式设计的，其目的就是捕捉投资者在贪婪和恐惧情绪驱使下的反应。

将金融市场上人性贪婪和恐惧的表现，移植到企业经营——企业金融模式中，会发现人性的贪婪和恐惧没有任何改变。企业金融模式是企业运用各种金融工具和手段，实现资金的有效管理和运营，以支持企业的战略发展的模式。企业金融模式是企业实现可持续发展的重要保障，包括了企业的融资、投资、风险管理等多个方面。

企业金融模式设计的目的是捕捉市场上人贪婪和恐惧的情绪，然后利用这些情绪为企业创造价值。要实现这个目的，企业必须做到：

（1）了解市场情绪。企业必须要深入了解市场情绪。人性贪婪时，市场可能会过度热情，投资者乐于冒险追求高收益；人性恐惧时，市场可能陷入悲观，投资者往往会选择保守或离场。了解这些情绪的变化，可以帮助企业预判市场走势，从而做出更有利的决策。

（2）合理配置资源。了解了市场的情绪后，企业需要有效配置资源。在贪婪期，企业可以加大投资力度，积极开拓市场；在恐惧期，企业则可以调整资产结构，确保现金流的稳定。合理配置资源有助于企业在不同市场环境下保持竞争优势。

（3）风险管理。赚取贪婪和恐惧的钱也就意味着企业需要承担相应的风险。因此，风险管理在企业金融模式中占据着至关重要的地位。企业需要建立完善的风险评估体系，对市场风险、信用风险等进行实时监控，并制定应对策略，以降低潜在损失。

亚马逊作为全球最大的电商平台，其金融模式具有独特的魅力。亚马逊利用大数据分析市场情绪，预测消费者的购买行为。当市场处于贪婪期时，亚马逊会积极推出新产品和服务，来满足消费者的需求；当市场处于恐惧期时，亚马逊则通过优化供应链管理、降低成本等方式稳定业务。此外，亚马逊还通过旗下的亚马逊贷款和亚马逊支付等金融服务，进一步巩固了其在电商领域的领先地位。

苹果作为全球科技巨头，其金融创新也不容忽视。苹果通过Apple Pay、Apple Card等产品，为用户提供了便捷的金融服务。这些产品不仅满足了消费者的需求，还为苹果开创了新的收入来源。在市场贪婪期，苹果积极推广其金融产品，吸引了大量用户；在市场恐惧期，苹果则通过加强风险管理等手段来确保其业务的稳健发展。

通过以上案例分析可以看出，成功的金融模式需要深入了解市场情绪，合理配置资源以及加强风险管理。总的来说，企业金融模式是利用了人性中的贪婪和恐惧这两个弱点而设计的商业游戏。

未来的企业金融模式将更加注重数字化、智能化和个性化。随着科技的不断发展，大数据、人工智能等先进技术的应用将为企业金融模式带来更多的可能性。企业可以利用这些技术手段更准确地预测市场情绪、更高效地配置资源以及更精细地管理风险。

创新竞争模式是赚人性优点的钱

人性有两个层次：先天的优点和后天的弱点。优点是每个人都具备的，如善良、诚实、正直等；弱点则是后天环境造成的，如自私、贪婪、恐惧等。在商业领域，如果企业能够赚取人性优点的钱，那么就能够获得更多的市场份额；如果赚取了人性弱点的钱，那么就会陷入低层次的竞争，甚至会受到道德的谴责。

在中国市场经济发展的初期，企业家利用人们求富的欲望和冒险精神，即利用人性的弱点赚钱，虽然取得了一定的成功，但随着市场运作逐渐规范化和消费者的消费理念日益成熟，这种赚钱模式逐渐显出颓势，而赚取人性优点的钱，已渐成趋势。可以说，从赚人性弱点的钱到赚人性优点的钱，是企业经营理念的质的飞跃。

如何赚取人性优点的钱呢？这需要企业不断创新竞争模式。创新竞争模式是指企业通过独特的商业模式、营销策略、产品定位和企业文化等手段，在市场竞争中占据优势地位。创新竞争模式的核心在于"创新"，即通过对市场的深入了解和把握，发掘人性的优点，创造独特的商业价值。这就要求企业家不仅要有超凡的智慧和远见，更要有道德底线和责任。在众多优秀企业中，英伟达（NVIDIA）公司以其卓越的创新能力、前瞻的市场洞察和可持续的商业模式，成为业界的翘楚。

英伟达公司的成功首先源于其对创新的执着追求。创新包括产品、科技创新和商业模式创新，对于前者，其是任何企业发展的核心动力，但真正能做到持续创新的企业却并不多见。英伟达公司始终保持着敏锐的市场洞察力和高效的前瞻性思维，而正是这两种特质，助力英伟达公司在芯片设计领域取得了重大突破，特别是在图形处理器（GPU）领域，已发展为行业的"领头羊"。

在商业模式的创新上，英伟达公司同样展现出了其独特的智慧。随着人工智能、自动驾驶、数据中心等领域的快速发展，英伟达公司准确把握了市场机遇，通过与众多合作伙伴进行深度合作，构建了一个庞大的生态系统。

在这个生态系统中，英伟达公司提供核心的技术支持，而合作伙伴则利用这些技术为用户提供更丰富、更便捷的服务。这种共赢的商业模式不仅让英伟达公司取得了商业上的成功，更为整个行业的发展注入了新的活力。

其次，英伟达公司的成功源于其对社会责任的担当。在公司快速发展的同时，英伟达始终坚持可持续发展的理念，注重环境保护和社会公益事业。通过采用绿色生产技术和循环经济，英伟达公司大大降低了自身发展对环境的影响。同时，英伟达公司还积极参与公益事业，支持教育、扶贫等项目，努力回馈社会。这种强烈的社会责任感不仅提升了英伟达公司的品牌形象，更为其长远发展奠定了坚实的基础。

另外，英伟达公司还深知合作的重要性。在当今高度互联的世界里，没有任何一家企业能够独自完成所有的事情。英伟达公司通过与众多产业链上下游企业、科研机构、高校等进行紧密合作，共同推动了技术的进步和应用。这种开放的合作态度不仅让英伟达公司获得了更多的资源和支持，更为其持续创新提供了源源不断的动力。

总的来说，英伟达公司的成功源于对人性优点的深刻了解和运用。通过对产品、科技及商业模式创新的追求，对社会责任的担当和对合作的态度，英伟达公司在市场上取得了巨大的成功。

中篇

高利润商业模式的实战分析

第四章　数智化快模式带来高利润

数字化、智能化技术有助于提高企业的生产效率，降低企业成本，并帮助企业更好地满足客户需求。通过运用大数据和人工智能技术，企业可以对市场趋势进行精准预测，制定更为科学合理的经营策略，来精准实现供给侧目标。同时，优化供应链管理、提高库存周转率、增强客户黏性，从而创造更多商机。

唯快不破，塑造市场而不是被市场塑造

随着数字化时代的来临，企业面临着前所未有的机遇与挑战。在这样的环境下，要想成功塑造市场而不是被市场塑造，"唯快不破"成为企业生存与发展的至理名言。企业要想做到塑造市场而不被市场塑造，利用主动数字化模式变革引领企业实现高利润，成为不可回避的命题。本节将从三个方面进行探讨：①速度是企业适应市场变化的必要条件。②主动数字化模式变革是实现企业快速发展的关键环节。③引领而非跟随是企业的核心竞争力。

1. 必要条件——速度

在数字化时代，"快"成为一种竞争优势。无论是市场响应速度、决策速度还是创新速度，都决定了企业在激烈的市场竞争中的地位。一个能够快速适应变化、主动求变的企业，才有可能在不断迭代的市场中保持领先。而

这种领先不仅是技术或产品的领先,更是战略思维和商业模式的领先。在这样的背景下,企业需要转变观念,从被市场塑造转变为塑造市场,从跟随者转变为引领者。

数字化时代的特点是信息量大、传播速度快,使得市场环境变得极其复杂和多变。传统的市场调查和预测手段已经无法满足企业对市场变化的快速响应需求。因此,企业需要利用数字化技术简化流程、缩短决策周期。例如,通过云计算和大数据分析,企业可以实时获取市场数据并迅速作出决策。此外,数字化技术还可以帮助企业实现实时监控和动态调整,来确保决策的准确性和及时性。

2. 主动求变——数字化模式变革

面对数字化浪潮的冲击,企业应主动求变,进行数字化模式变革。但仅依靠技术手段不足以实现真正的数字化转型,企业需要从战略、组织结构和运营模式等多个方面进行全方位变革。这种变革不仅是被动地应对市场变化,更是主动地创新和突破。

(1)战略决策。企业在数字化模式下需重新审视自身的商业模式和竞争战略。在传统模式下,企业可能通过大规模生产、降低成本来获得竞争优势;而在数字化时代,个性化需求和差异化竞争成为主导,因此企业应运用大数据分析等技术手段,精准把握消费者需求,制定出更加贴近市场需求的战略规划。

(2)组织结构。数字化模式变革要求企业优化组织结构,打破传统层级制度,建立更加扁平化、灵活的组织形态。这种组织结构能够减少决策环节,提高决策效率,使企业更加快速地适应市场变化。同时,数字化技术还能加强企业内部沟通与协作,打破部门壁垒,提升整体运营效率。

(3)运营模式。通过云计算、物联网等技术,企业可以实现生产过程的智能化和自动化，提高生产效率；通过大数据分析，企业可以精准预测市场需求，优化库存管理；通过电子商务等平台，企业可以直接连接消费者，减少中间环节，提高供应链响应速度。

此外，企业在主动进行数字化模式变革的过程中，还需关注人才引进与培养、数据安全与隐私保护、持续创新三个重要方面。

3. 核心竞争力——引领而非跟随

在数字化时代，仅仅跟随市场潮流的企业很难获得长期竞争优势，只有具备前瞻性眼光和创新精神的企业才能引领市场趋势。

企业要有敏锐的市场洞察力，能够预见未来的市场趋势并提前布局。通过深入挖掘市场需求、关注科技前沿动态、持续进行产品与服务创新等方式，企业能够抢占市场先机，树立行业标杆。同时，企业在引领市场的过程中还需关注生态系统的构建与合作伙伴的共赢。通过搭建开放平台、与各利益相关方共同创造价值等方式，打造一个健康的生态系统，来共同应对市场的快速变化。

此外，企业要想成为市场引领者就要有敢于冒险和承担风险的勇气。在数字化时代，市场的变化非常快，因此企业需要敢于尝试新的商业模式和战略方向。即使遭遇失败和挫折，也需要有勇气重新调整和出发。只有这样，才能够引领市场，而非跟随市场。

综上所述，"唯快不破"是企业在数字化时代的生存之道，想要设计出高利润的商业模式，就必须将"快"视作决定胜负的关键因素。而且，"快"不仅体现在市场反应速度上，更体现在企业主动进行数字化模式变革的速度上。只有通过提高速度和敏捷性，做到主动求变和创新，企业才能在激烈的市场竞争中保持领先地位，成功塑造市场，而不是被市场塑造。因此，在未来的市场竞争中，"唯快不破"不仅是一种应对策略，更是企业长期发展战略和核心竞争力的重要组成部分。

快模式，快现金交易结构设计

在快速发展的现代商业环境中，许多企业正在寻求一种能够迅速带来现金流的商业模式。"快模式"的概念就是在这种情况下应运而生的，它强调高效、迅速和灵活性。其中，快周转模式成为许多企业的首选，这种模式的核心在于短时间内实现现金回流，加速企业运营资金的流转。此外，以快周转模式为核心，结合 COSTCO 案例，深入探讨快现金交易结构的设计。

快模式是指企业通过高效的管理和运营，在短时间内实现生产销售流程和资金的快速周转（见图4-1）。快模式强调速度性、灵活性和创新性，而要想实现快模式，快现金交易结构设计是关键的一环。

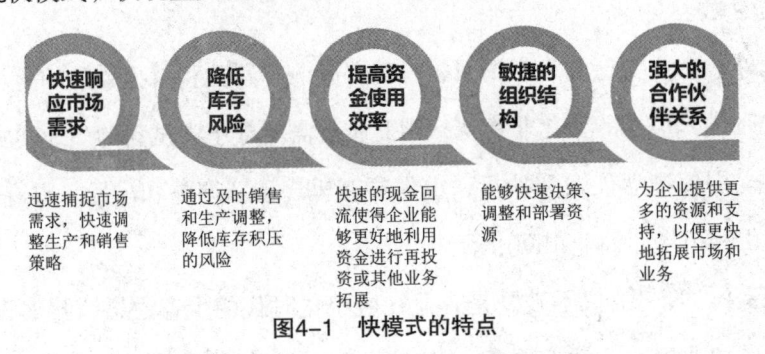

快速响应市场需求	降低库存风险	提高资金使用效率	敏捷的组织结构	强大的合作伙伴关系
迅速捕捉市场需求，快速调整生产和销售策略	通过及时销售和生产调整，降低库存积压的风险	快速的现金回流使得企业能够更好地利用资金进行再投资或其他业务拓展	能够快速决策、调整和部署资源	为企业提供更多的资源和支持，以便更快地拓展市场和业务

图4-1 快模式的特点

快现金交易结构设计旨在通过优化企业的交易流程，提高运营效率，从而实现快速回流现金的目标。在构建快现金交易结构时，企业需要考虑以下五个方面。

（1）简化交易流程。通过消除不必要的环节和优化流程，企业可以缩短交易时间，提高交易效率。例如，企业可以采用电子化交易平台，实现线上线下无缝对接，从而提高交易速度和准确性。

（2）提高用户满意度。企业需要关注用户需求，提供优质的产品和服务，从而赢得用户的信任和忠诚。通过提高用户满意度，企业可以加速销售回款，从而实现快速回流现金的目标。

（3）降低库存成本。库存积压不仅会增加企业的成本，还会降低资金的流动性。因此，企业需要合理规划库存管理，降低库存成本，从而提高现金流转速度。例如，企业可以采用实时库存管理系统，实时监控库存情况，做到及时补货和调整。

（4）强化风险管理。企业在快速回流现金的过程中，也需要关注风险管理。例如，企业可以建立完善的应收账款管理制度，确保及时回收款项，降低坏账风险。此外，企业也需要关注市场风险、汇率风险等方面的管理。

（5）持续改进和优化。快现金交易结构不是一成不变的，企业需要根据市场变化、用户需求和业务发展情况不断进行改进和优化。例如，企业可以采用数据分析技术，对交易数据进行深入挖掘和分析，从而发现潜在的优化空间和改进点。

COSTCO Wholesale（开市客）是全球最大的会员制仓储式超市，其以高效的供应链管理和独特的会员制度而闻名。COSTCO在快周转模式方面有如下特点：①大规模采购与低成本运营。COSTCO通过大规模采购降低了进货成本，从而在销售时保持较低的价格，吸引大量会员进行高频次购买。②简化产品线。COSTCO为极简产品线，每个品类只提供有限的几个选择，因此减少了库存和管理的复杂性，加快了库存周转。③会员制与现金交易。COSTCO主要采用会员制和现金交易的方式，确保了现金流的快速回流，增强了与会员之间的信任关系。④严格的供应商管理。COSTCO与供应商建立了长期合作关系，通过严格的供应商管理和集中采购策略，确保产品质量和低成本。

COSTCO之所以成功，与其精确的市场定位、简化的运营流程、高效的供应链管理、会员制与现金交易策略以及持续的创新与优化分不开，现将这五点进行详细介绍，以帮助企业更好地实现快模式和快现金交易结构设计。

（1）精确的市场定位。明确目标市场和用户需求，制定有针对性的销售和生产策略。

（2）简化的运营流程。通过减少不必要的环节和流程，降低运营成本，加速资金流转。

（3）高效的供应链管理。建立高效的供应链体系，确保产品质量和运输效率，降低库存风险。

（4）会员制与现金交易策略。确保快速回流现金，提高资金使用效率。

（5）持续的创新与优化。不断优化产品和服务，根据市场变化调整策略，保持竞争优势。

快模式作为一种高效的商业模式，在现代商业环境中具有显著的优势。未来，随着市场环境的变化和技术的发展，企业应持续调整和完善快模式下的快现金交易结构，以适应不断变化的市场需求。同时，企业应关注政策法规的影响，确保合规经营；关注社会责任和可持续发展，为构建和谐社会贡献力量；关注国际市场动态，开展国际合作与交流，提升企业国际竞争力。

数智化模式的本质就是用户响应的效能竞争

在互联网蓬勃发展的今天，企业的经营管理模式也在不断进化，尤其是在数字化浪潮的推动下，数智化模式逐渐成为企业转型升级的关键。然而，很多企业在实践数智化转型的过程中，只是简单地引入了一些先进的工具和技术，并没有实现真正的数智化模式，未触及数智化模式的本质。

数智化模式是企业通过数字化和智能化手段，实现内部运营和外部服务的升级，从而提高效率、降低成本、增强竞争力的一种新型管理模式。其本质在于以数据驱动决策，以用户为中心，实现快速响应和个性化服务。

在数智化模式下，企业可以通过对大量数据的采集、分析和挖掘，获取更深入的洞察，从而制定更加科学、精准的决策。同时，通过智能化手段，企业可以实现自动化、智能化服务，提高服务质量和效率。而这一切都是以用户为中心，以满足用户需求为出发点，实现快速响应和个性化服务的。

在数智化模式下，企业之间的竞争已经不再是简单的产品或服务的竞争，而是用户响应的效能竞争。也就是说，企业需要快速、准确地理解用户需求，提供满足用户需求的服务，并在服务过程中保持高效的沟通与反馈。具体来说，用户响应的效能竞争主要体现在以下三个方面。

（1）快速响应。在信息化时代，用户的需求变化非常快，对于企业的响应速度要求也越来越高。企业需要建立一套高效的运营体系，以便在第一时间获取用户需求信息，并及时做出反应。

（2）个性化服务。随着消费升级和用户需求的多样化，个性化服务已经成为企业竞争的重要手段。企业需要通过数据分析和挖掘，深入了解用户的需求和偏好，提供定制化的服务和解决方案。

（3）高效沟通与反馈。在服务过程中，企业需要与用户保持高效的沟通和反馈。一方面，企业需要及时向用户传递服务进展和重要信息，增强用户的信任感和满意度；另一方面，企业需要从用户那里获取反馈信息，不断优化服务流程和提升服务质量。

要提升用户响应的效能，企业需要建立健全的数据采集、分析和挖掘体系，以方便从海量数据中获取洞察，制定更加科学、精准的决策。因此，企业需要培养数据驱动的思维方式，让数据成为决策的重要依据。

企业必须始终以用户为中心，深入了解用户需求和偏好，提供个性化的服务和解决方案。同时，企业需要建立用户反馈机制，及时获取用户反馈信息，不断优化服务流程和提升服务质量。

企业需要优化内部运营流程，提高运营效率。企业要做到通过引入先进的数字化和智能化的管理工具与技术，实现自动化、智能化的服务和管理。这就要求企业必须建立高效的团队协作机制，提高团队整体执行力。

在数智化模式下，企业需要与上下游合作伙伴、技术提供商等共同构建生态合作体系。通过共享资源、技术和经验，实现互利共赢、共同发展。只有构建了良好的生态合作体系，才能更好地满足用户需求和提高整体竞争力。

随着数字化时代的到来，数智化模式已经成为企业转型升级的关键。企业需要深入理解数智化模式的本质，以用户为中心，通过快速响应和个性化服务提高竞争力，最终实现高效能、高利润、高质量发展的目的。

未来，随着技术的不断进步和应用场景的不断拓展，数智化模式将会愈加成熟和完善。因此，企业必须紧跟时代步伐，不断探索和创新管理模式与服务方式，以应对日益激烈的市场竞争和用户需求的变化。同时，政府和社会各界也需要给予支持和引导，促进数智化模式的健康发展和应用普及。

快时尚模式正在改变商业思维

快时尚模式的崛起，使越来越多的企业开始重新审视商业思维。随着全球化进程的加快和消费市场的不断扩大，快时尚模式逐渐成为商业领域的一种新趋势。快时尚模式以快速、时尚、平价为特点，通过高效的供应链管理、简约的设计风格和快速的市场反应，迅速占领了消费者心智（见图4-2）。

快速响应市场变化	以消费者为中心	高性价比与时尚感
快时尚模式企业能迅速捕捉市场趋势，从设计到生产，再到销售，都具有极高的时效性	快时尚模式强调与消费者的直接互动，通过市场调查和数据分析，能够精准定位消费者需求	快时尚模式通过优化供应链和生产流程，为消费者提供既时尚又实惠的产品

图4-2 快时尚模式特点

在全球化与消费升级的双重影响下，商业领域正在经历一场前所未有的变革。通过分析快时尚模式的特点可以看出，快时尚模式对商业思维产生的影响主要体现在以下四个方面。

（1）从以产品为中心到以消费者为中心。传统的商业思维多以产品为中心，强调产品的功能和特点。快时尚模式则将焦点转移到消费者身上，深入研究其需求、习惯和心理预期。

（2）速度和敏捷性成为核心竞争力。在快时尚模式下，速度和敏捷性取代了传统的规模和成本优势。企业需要快速响应市场变化，不断迭代和创新，才能在竞争中占得先机。

（3）强调品牌价值和认同感。快时尚模式的品牌不仅指产品，更代表了一种生活方式和价值观。塑造品牌形象，建立与消费者的情感连接，是快时尚模式品牌的核心策略。

（4）跨边界整合资源。为了满足消费者的多样化需求，快时尚模式品牌往往需要跨越行业界限，整合各类资源。这种跨边界的思维方式为商业发展带来了无限的创新可能。

当下，快时尚模式以其独特的魅力和市场适应性，逐渐成为商业思维的新焦点。ZARA作为快时尚模式的代表，其以独特的经营理念和商业模式，成功地成为全球服装行业的翘楚。其创始人阿曼西奥·奥特加更是在2015年成为世界首富。

ZARA的成功给商业领域带来了深刻的启示，即走以"快"为核心的集成者商业模式。ZARA不像其他欧洲竞争对手那样，将业务外包给亚洲的服装生产供应商或其他新型经济体，而是在西班牙本土和其他欧洲国家建造自己的工厂，完成从设计到生产的过程。也就是说，ZARA的大部分服饰和配饰都是在人力成本更高的环境下完成的，但ZARA的售价却并未比竞争对手高，反而还更低一些，利润率则更高，这个结果，当然也要归功于集成者商业模式。

在集成者商业模式下，ZARA能够在第一时间对不断变化的时尚和各种各样的市场要求做出反应。如果深入了解就会发现，ZARA每推出一个新系列，从设计室到商店橱窗展示的整个流程通常只需要2~3周的时间（见图4-3）。虽然在这个过程中ZARA所耗费的人力成本要比竞争对手的高，但因为竞争对手的商品需要在其他国家生产，所以他们对市场的响应速度则要慢很多。如果一个新系列不能满足用户的期待，ZARA有能力在2~3周时间内进行调整或全部停产；而竞争对手仅需要将成品运送到世界各地的商店就需要几周时间，再对市场的反应做出响应，发现不对时再重新安排生产，这个过程中时间成本成倍增长。

设计 → 生产 → 配送/库存 → 零售 → 营销

图4-3 ZARA的集成者商业模式

可见，快时尚模式能够缩小价值链中各个环节之间的循环。ZARA可以对市场趋势和用户需求快速做出反应，因为价值链的末端（销售）直接对前端（设计）报告。必要的修改（生产）能直接在商店里实现或者在企业内部完成。ZARA的成功给商业领域带来了深刻的启示。

（1）精准的市场定位。ZARA 始终坚持精准的市场定位，以满足年轻消费者的需求为己任。通过对时尚潮流的敏锐洞察和快速反应，ZARA 能够迅速推出符合市场需求的款式和新品，极大地满足了年轻消费者追求个性、时尚的需求。

（2）高效的供应链管理。ZARA 采用高效的供应链管理模式，通过与供应商建立紧密的合作关系，实现了快速响应市场需求的能力。同时，ZARA 在生产环节采用了高度自动化的生产线，降低了生产成本，提高了生产效率。

（3）简约的设计风格。ZARA 的设计风格以简约、时尚、实用为主，强调单品搭配的多样性和时尚感。这种设计风格不仅符合年轻消费者的审美需求，也降低了库存成本，提高了产品的销量。

（4）快速的市场反应。ZARA 能够迅速捕捉市场变化和时尚潮流，通过灵活的订货和补货机制，实现了快速的市场反应。这使得 ZARA 在市场竞争中始终处于领先地位，不断扩大市场份额。

因此，ZARA 作为快时尚模式的佼佼者，其成功不仅体现在业绩数字上，更在于其背后的商业思维和运营逻辑。由此可见，快时尚模式的崛起不仅是商业领域的一次变革，更是商业思维的一次重塑。它挑战了传统商业模式的局限，为现代企业提供了新的发展思路和方向。深入研究和理解快时尚模式的内在逻辑和成功要素，对现代企业来说具有重大的现实意义和引导价值。

第五章　慢模式场景引领生活方式未来

慢模式强调的是从容、细致和深入的生活态度。慢模式场景下的产品和服务往往注重细节和用户体验，让人们更加关注内心的需求，更加珍惜与他人的关系，更加注重生活的品质和意义。因此，慢模式场景正逐渐成为引领未来生活方式的重要趋势之一，也是能够更准确地实现消费侧目标的高利润模式。

心灵疗愈产业中的慢模式

在快节奏、高压力的社会环境下，心灵疗愈产业逐渐成为新的经济增长点。这一产业凭借着对心灵健康的关注和重视，吸引了大批寻求心灵慰藉的消费者。

随着社会经济的发展和人们生活水平的提高，人们对于身心健康的需求日益增长，心灵疗愈产业正是满足了这一需求而迅速崛起。心灵疗愈产业涵盖了多个领域，包括心理咨询、瑜伽课程、冥想疗愈、艺术治疗、自然疗法等。尽管心灵疗愈产业在快速发展，但其"慢模式"的疗愈方式却很好地抚慰了当下人们那颗浮躁而又焦虑的心，因此心灵疗愈是当下人们十分推崇的产业模式。

慢模式是相对于我们快节奏的生活方式而言的，它强调内心的平静、深度的思考和与自然的连接。在心灵疗愈产业中，慢模式意味着更深入地理解个体的内在需求，更注重长期的治疗效果，而不是追求短期的治愈。

慢模式之所以在心灵疗愈产业中受到重视，是因为它能够帮助人们建立内在的平衡和力量。在快节奏的社会中，人们经常感到压力和焦虑。这种压力和焦虑可能来自工作、家庭和人际关系等各个方面。而慢模式的心灵疗愈方法，如冥想、瑜伽等，可以帮助人们放松身心、缓解压力，从而提升内在的平静和幸福感。

此外，慢模式的心灵疗愈方法还能促进深度思考和自我觉察。在快节奏的生活中，人们往往没有足够的时间和空间去思考自己的内心需求和价值观。而慢模式的心灵疗愈方法提供了一个平台，让人们能够深入探索自己的内心世界，了解自己的情感和思想，从而更好地实现自我成长和发展。

下面结合冥想和瑜伽两大支柱产业以及社交融合如何引领高端消费，深入剖析心灵疗愈产业的商业价值和市场潜力。

（1）冥想。冥想作为心灵疗愈的一种重要方式，已经被越来越多的人接受。通过冥想，人们可以有效地缓解压力，提高专注力，从而达到内心的平衡和宁静。在慢模式的指导下，冥想课程和活动强调的是体验和感受，而非一味地追求效果。这种慢节奏的方式让人们在快节奏的生活中找到了一丝宁静。

（2）瑜伽。瑜伽作为一种古老的身体和心灵的练习方式，与慢模式也有着天然的契合之处。通过进行各种姿势和呼吸的练习，瑜伽可以帮助人们放松身心、舒缓压力。而在瑜伽课程中，慢模式也得到了很好的体现。老师通常会引导学员慢慢练习，享受过程，而非急于求成。这样的慢节奏练习方式能够让人们更好地体验瑜伽的精髓，从而达到更好的效果。

（3）社交融合。在心灵疗愈产业中，社交融合也是慢模式的一个重要体现。许多疗愈场所通过设置社交活动、工作坊等方式，让人们在放松身心的同时，也能够结交志同道合的朋友，分享彼此的经验和感悟。这种社交的融合，不仅增加了人们之间的互动和交流，也使得心灵疗愈的过程更加丰富和有意义。

随着消费者对心灵疗愈产品和服务的需求升级，高端消费市场也呈现出蓬勃的发展态势。在这一市场中，慢模式发挥着重要的引领作用。高端消费者通常更注重品质和服务体验，他们愿意花更多的时间和金钱追求心灵的平静和满足。因此，采用慢模式的疗愈产品和服务的市场前景十分广阔。

例如，一些高端疗愈场所通过提供定制化的服务、舒适的氛围和专业的指导来吸引高端消费者。这些场所通常会采用慢节奏的方式，让消费者在放松的环境中慢慢感受和体验，从而达到更好的效果。此外，一些高端品牌也纷纷涉足心灵疗愈产业，通过推出相应的产品和服务来满足消费者的需求。这些品牌通常注重品质和细节，将慢模式贯穿于整个产品和服务的设计和提供过程中，从而赢得消费者的青睐和信任。

因此，心灵疗愈产业中的慢模式是一种重要的理念和实践方式。通过冥想、瑜伽等身心练习以及社交的融合，慢模式为人们提供了一种全新的生活方式和价值追求。同时，在高端消费市场中，慢模式也发挥着重要的引领作用。随着消费者对身心健康需求的日益增强以及心灵疗愈产业的不断发展，相信慢模式将继续在未来的市场中展现出巨大的潜力和价值。

把消费转为慢场景的高利润模式设计

在这个快节奏、高效率的时代，人们几乎将"快"当成了一种常态，外出购物、用餐、出行，甚至休闲旅游等，皆追求"快"。然而，在这样的背景下，我们是否曾思考过这样一个问题：消费的"快场景"就一定是高利润的吗？答案显然并非如此。因为一切高利润都是特殊场景的产物。为了实现更高的利润，我们需要将消费的"快场景"转为"慢场景"，并进行精心设计。

1. 理解"慢场景"的价值

既然说一切高利润都是特殊场景的产物，而"慢场景"又是特殊场景之一，因此"慢场景"带来了超高的利润和巨大的商业价值。

在传统的商业模式中，快速、便捷往往被视为成功的关键。然而，随着消费者需求的日益多样化，他们对消费体验的要求也越来越高。在这样的背景下，慢场景消费逐渐显露其优势，并且弯道超车快场景。慢场景强调的是品质、细致的服务和独特的体验，因而与快场景形成了鲜明的对比。

在慢场景中，品质被视为核心要素。这意味着商品或服务必须经过精心的设计和制作，追求卓越的品质和耐用性。当消费者在慢场景中体验到品质至上的产品时，他们就愿意为之付出更高的价格，因为这种体验是难以替代的。

除了产品本身的高品质，慢场景还注重细致的服务，包括售前咨询、售中服务和售后服务。在慢场景中，企业需要花费更多的时间和精力来了解消费者的需求，为其提供个性化的服务。这样的服务模式不仅能够提升消费者的满意度，还能够培养消费者的忠诚度。

此外，慢场景还强调独特的消费体验。这不仅指产品或服务本身，还包括与之相关的所有细节，如环境、氛围、品牌故事等。通过创造独特的消费体验，企业能够吸引消费者并使其愿意为之付出更多的代价。

2. 设计"慢场景"商业模式

在设计和实施"慢场景"商业模式之前，首先，企业需要对市场进行深入的分析，以明确自身的市场定位和目标用户群体。其次，企业需要根据目标用户群体的消费习惯、需求和偏好来设计和调整产品或服务。例如，如果目标用户群体是高端消费者，那么企业在设计和提供产品或服务时就需要注重高品质和个性化。

在确定了市场定位和目标用户群体后，接下来需要关注的是产品与服务的设计。对于此，企业需要投入足够的时间和精力，确保产品的品质达到最高标准，并且在服务方面也能满足消费者的需求。在产品设计过程中，企业还需考虑如何通过产品传递品牌价值和文化内涵，以增强消费者的认同感和忠诚度。

在慢场景商业模式中，渠道和销售策略同样重要。除了传统的销售渠道，企业还应考虑通过线上平台、社交媒体、自媒体等多元化渠道推广和销售产品或服务。此外，考虑到慢场景的特点，企业也可以采用预约制、定制化服务等销售方式，以更好地满足消费者的需求，并提升他们的购物体验。

此外，品牌是慢场景商业模式的灵魂。一个成功的慢场景品牌不仅能够传递高品质、体验独特的价值主张，还能够与消费者建立情感连接，因此品牌建设与维护至关重要。企业可以通过讲述品牌故事、塑造品牌形象和打造品牌口碑等手段，提升消费者对品牌的认知度和信任感，从而增强其购买意愿和忠诚度。

最后，为了确保慢场景商业模式的成功实施，组织与运营管理也十分关键。这涉及团队的组建、培训和管理，以及内部流程的优化等方面。只有当团队具备高度的执行力、创新力和协作精神时，才能确保慢场景商业模式成功落地并实现持续发展。同时，通过不断优化内部流程和提高运营效率，可以帮助企业有效降低成本并提升整体盈利能力。

总之，将消费转为慢场景的高利润模式设计是一个系统性的工程，需要从市场定位、产品设计、销售策略、品牌建设到组织运营等多个方面进行综合考虑和实施。在这个过程中，重要的是始终关注消费者的需求和体验，以确保所提供的慢场景消费模式能够真正满足消费者的期望并为其创造价值。通过精心设计和持续优化慢场景商业模式，企业将有望实现更高的利润，并赢得消费者的长期信赖和忠诚。

高端服务业都是陪伴式慢事业

在今天这个快速发展的时代，各行各业都在追求速度与效率，但有一种事业，它的速度无法用时间来直接衡量，它的成果亦无法直接用金钱来显现，这种事业就是高端服务业。

高端服务业以其高技术含量、高附加值、高人力资本含量和高竞争优势的特点，区别于传统服务业。这个行业需要依靠专业知识和技能，为客户提供定制化、个性化、高质量的服务。在这个过程中，服务提供者与客户之间需要进行深度互动和合作，以达到共同的目标。这种深度互动和合作的特点使得高端服务业成为一种"陪伴式慢事业"。高端服务业的价值主要体现在以下三个方面。

（1）高附加值。高端服务业能够为企业创造更多的价值。比如，咨询服务业能够帮助企业优化管理流程，提高运营效率；教育服务业能够提高人们的技能和知识水平，增强人们的就业竞争力；金融服务业能够为企业提供风险管理，帮助企业进行资金运作。

（2）创新驱动。高端服务业的发展能够推动企业的技术创新和管理创新。通过提供专业化的服务，高端服务业能够帮助企业解决各种复杂的问题，助力企业实现持续的创新和发展。

（3）人才集聚。高端服务业的发展能够吸引和培养大量的高素质人才，促进人才集聚和流动。这种人才集聚效应不仅能够推动企业快速发展，还能够为社会培养更多优秀的人才。

高端服务业需要花费大量的时间和精力进行服务设计和方案实施，需要具备专业知识和丰富的经验。其中，咨询业作为高端服务业的代表，更是以"陪伴式慢事业"的独特方式，为社会创造着巨大的价值。

咨询业，这个看似高深莫测的行业，实际上就是一场精心策划的"双人舞"。在这里，用户与咨询顾问之间的关系不再是简单的供需关系，而是一个深度互动、共同学习的过程。

深度互动，即咨询顾问与用户彼此之间需要配合与信任。咨询顾问不仅要了解用户的需求，还要深入了解用户的业务、文化和价值观，以便为用户提供更加贴合实际的解决方案。这种深度互动的过程，正是咨询业的核心价值所在。

共同学习，即在咨询的过程中，不仅是用户在接受咨询服务，咨询顾问也在不断学习和成长。他们通过深入了解用户的情况，积累丰富的实践经验，以便在未来的项目中更加得心应手。这种共同学习的过程，让咨询业成为一个真正的学习型行业。

在高端服务业中，质量是衡量一切的标准。无论是咨询业还是其他服务业，都把质量作为其核心竞争力，都必须通过提供优质的服务，帮助用户实现价值最大化，从而赢得用户的信任。

高端服务业的目标不仅是满足用户的需求，更是要超越用户的期望。企业必须通过不断创新和改进，提高服务水平和质量，为用户提供更加卓越的服务体验。这种追求卓越的精神，正是高端服务业的核心竞争力。

高端服务业虽然不是直接的生产行业，但为社会创造着不可估量的价值。通过提供专业化服务，高端服务业能够帮助企业实现战略转型，提高运营效率，从而推动整个社会的进步和发展（见图5-1）。

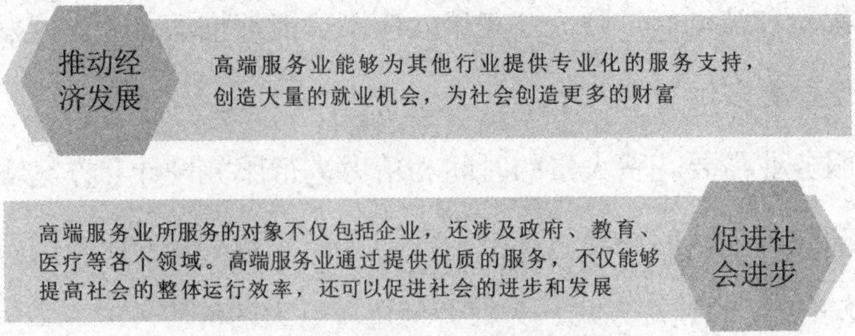

推动经济发展: 高端服务业能够为其他行业提供专业化的服务支持，创造大量的就业机会，为社会创造更多的财富

促进社会进步: 高端服务业所服务的对象不仅包括企业，还涉及政府、教育、医疗等各个领域。高端服务业通过提供优质的服务，不仅能够提高社会的整体运行效率，还可以促进社会的进步和发展

图5-1 高端服务业的社会价值

综上所述，高端服务业是一种以"陪伴式慢事业"为核心的事业，其注重质量、追求卓越。高端服务业提供者通过深度互动和共同学习的方式，在为用户创造价值的同时，也实现了其自身的高速成长和赢得了高利润。在未来的发展中，我们有理由相信，高端服务业必将发挥其更加重要的作用，为社会创造更多的价值。

北欧领先企业慢科学和高利润的启示

在快节奏、高竞争的时代，许多企业为了追求快速回报和市场份额，采取了激进的发展策略。然而，北欧领先企业却通过实践慢科学，实现了高利润和可持续发展。本节将探讨慢科学在北欧企业的成功中所起的作用，并分析其对其他企业的启示。

看到开篇，很多人可能会有疑惑，为什么一定要探讨北欧的企业？又为什么一定要探讨"慢科学"？这是因为北欧是经济高度发达的地区，且地处近北极的寒冷地带，让那里的人们既有条件享受慢生活，又必须深入研究慢生活的方式保障经济的快速发展。

在快节奏的社会讨论慢生活，仿佛有些矛盾，但当你了解到慢生活并非指懒惰或缺乏进取心，而是一种有意识、主动地放慢生活节奏的生活方式后，这种矛盾感就会逐渐消除了。

北欧地区的慢生活方式提醒我们，慢下来并不意味着落后，反而可能会带来更高的生活水准。因为慢生活强调对生活质量的追求，关注个人的身心健康、人际关系和环境质量。慢生活理念鼓励人们放慢脚步，充分享受生活中的每一个瞬间，注重内心的满足感和幸福感。同时，慢生活还强调对环境的保护和可持续发展，从而为未来创造更好的生活条件。

慢生活注重平衡、和谐与质量，与慢科学的核心理念相呼应。慢科学也并非指在速度上慢下来，而是强调在发展过程中注重质量、可持续性和长期效益。这一理念的核心是平衡与和谐，注重长期稳定的发展，而不是短期的快速扩张。在慢生活的"温床"——北欧，许多企业通过践行慢科学，实现了持续的成功。

瑞典宜家作为全球最大的家居用品公司之一，以优质、可持续的产品和服务而闻名。宜家注重产品的设计和功能，以满足用户需求为首要任务。通过采用慢科学理念，宜家实现了稳步发展，并获得了长期的商业成功。

挪威峡湾以壮丽的自然风光而闻名于世，为了保护和可持续地开发这一资源，当地旅游企业采取了慢科学的发展策略。他们注重生态平衡和环境质量，限制游客数量，提供优质的服务和体验。这种慢科学的发展方式不仅使峡湾旅游成为挪威的支柱产业之一，还为全球旅游业树立了可持续发展的典范。

慢科学，听起来似乎与商业竞争背道而驰，但北欧企业凭借其独特的经营理念和战略，不仅在市场上取得了领先地位，还获得了丰厚的利润。

慢科学不是消极等待或无为而治，而是强调对事物的深入理解、精心规划和持久的耐心。在商业环境中，这涉及对市场趋势的细致观察，对产品的精心设计和持续改进，以及对员工的深度关怀和培训。

北欧领先企业通过实践慢科学，实现了高利润和可持续发展，这为其他企业提供了宝贵的启示和建议，主要包括以下三个方面。

（1）深度市场研究。北欧企业往往花费大量时间和精力研究市场趋势和客户需求。例如，瑞典的H&M集团通过持续的市场研究和趋势预测，确保其产品始终与市场需求保持一致，从而实现了稳定的销售增长和高利润率。

（2）创新与研发。北欧国家普遍重视教育和研发，这为企业的创新提供了强大的支持。例如，瑞典的Ericsson公司在无线通信领域的持续研发，使得其长期保持技术领先地位，由此获得了高额的利润回报。

（3）员工福利与社会责任。北欧企业非常注重员工福利和企业的社会责任。例如，丹麦的乐高公司通过提供优厚的员工福利和关注环保的社会责任项目，不仅吸引了全球顶尖人才，还赢得了消费者的青睐，进一步提升了品牌价值。

通过深度的市场研究、创新与研发以及关注员工福利和社会责任，北欧企业建立了强大的品牌形象和市场地位，能够在竞争激烈的市场环境中保持领先。

企业借鉴慢科学理念，将其应用于企业管理和发展中，通过平衡质量、平衡发展，追求长期稳定而非短期快速的回报。在制定战略和决策时，充分考虑质量、可持续性和长期效益。

中国企业可以借鉴北欧企业的慢科学策略，将其融入自身的经营理念和实践中。首先，中国企业应重视市场研究和趋势预测，以便更好地满足用户需求并抓住市场机会。其次，中国企业应增加研发投入，推动技术创新和产品升级。同时，关注员工福利和社会责任也有助于提升企业的品牌形象和市场竞争力。

为了实现慢科学经营策略，中国企业必须直面一些挑战。首先，企业需要有足够的耐心和长期持续不断的投入，因为"慢"在快速变化的市场环境中并不容易实现。其次，对市场趋势的深度研究需要大量的资源投入，这可能会增加企业的运营成本。此外,关注员工福利和社会责任可能导致企业在短期内面临一些经济压力。

通过深度市场研究、创新与研发以及关注员工福利和社会责任等实践,北欧企业已经成功运用慢科学策略实现了高利润。这种策略为中国企业提供了一种新的思考方式和发展路径。在竞争激烈的市场环境中,中国企业应该结合自身实际情况,灵活运用慢科学策略,以实现可持续发展,获得长期的商业成功。

企业要争做生活方式的引领者

在今天这个快速发展的时代,生活方式在不断变化,企业要适应这种变化,不断创新,做生活方式的设计专家。高利润都在一些生活方式里,这已经成为企业界的共识。但是,如何把握这些生活方式,并将它们转化为产品或服务,这就需要企业掌握如何做生活引领者的方法,以及如何建立生活方式品牌。

其实,生活方式品牌并不是近几年才有的概念,其在品牌营销策划领域一直是"倔强的存在"。想一想生活中出现的那些熟悉的商品和耳熟能详的广告,核心都是在进行"消费牵引",以达到通过"生活方式引领"建设生活方式品牌的目的。

"让手机成为生活中的秘书,把复杂的生活简单化。"这一使命,既体现了企业对用户的消费场景的深度认知,也体现了企业对用户情境价值和消费认同的极强掌控力。因此,在这一生活方式的引领下,成就了一大批企业,它们在相关领域中取得了突破,在产品创新、营销创新和管理创新上始终保持领先，成为细分行业的领袖，引领着整个行业的发展。

企业要做生活方式的引领者，就必须要进行生活方式品牌策划。

生活方式品牌策划需要结合三大要素，即刷新生活场景、风格统领设计和建立"品牌化供应链"（见图5-2）。

刷新生活场景
以"生活场景"串联产业级产品及服务，神聚而形不散，有生活者有品牌，有品牌者有黏性，有黏性者有未来

风格统领设计
以创新设计量化品牌表现，以品牌格调提升品牌品位，成就品牌价值

建立"品牌化供应链"
供应链建设以"品牌化"为方向，指引名品打造和新品开发，形成"生活方式集成式方案"，构建结构化产品竞争力

图5-2　生活方式品牌策划三要素

1. 刷新生活场景

生活方式品牌策划推进的过程，就是围绕用户生活场景革新品牌的过程，也是生活方式持续刷新用户品牌认知的过程。

生活场景建设的核心是"用户生活场景深度还原"。无印良品不只提供覆盖生活方方面面的实体产品，还涉猎家居、餐厅、书店、绿植店、面包店、酒店、装修、老房改造等各个领域。无印良品将用户的生活场景作为基本原型，在此基础上放大了用户的产品消费使用场景，激活了用户的生活感知。同时，通过定期组织线下体验式活动，如读书、书法、手作、观影等，让消费者全方位感受到产品的价值，让品牌真正融入消费者的生活。

2. 风格统领设计

优秀的品牌多元化设计，必然以优质的品牌风格作为统领。

在日常经营中，企业需要深度挖掘品牌的生活元素，引领用户的消费认知及价值认同。无印良品于2003年提出Found MUJI，在世界范围内寻找不会过时的、为人们生活所用的日用品,目的是点亮用户的情感认知;再结合人类生活、文化、习惯的变迁,进行少许改良,以崭新的姿态呈现出来,目的是进行新商业策划运营。无印良品放大了产业级消费认同,以品质化格调让用户喜欢,以多元化生活让用户认同,以优质产品让用户感受品牌的力量。

3. 建立"品牌化供应链"

多样化产品、多数量产品及多种类产品组合,形成了生活方式品牌。要实现这些"多",并以新零售运营为代表的新生代生活方式品牌的经营,则必须要有强大的"品牌化供应链"做支撑。

品牌化供应链关注产品供应,打造用户欢迎和喜欢的明星产品,以此带动其他关联产品的销售,这样既解决了多产品生产和多产品组合,也强化了用户品牌产品的价值认同。无印良品建立的"可视化"供应链系统,使得其在全球的物流数据都可以被公司总部追踪查看,从而实现对产品标签、质量、规格的统一管理。

综上所述,生活方式品牌的持续推进,需要企业基于自身品牌的竞争优势,以先进的数字化技术为转型升级的新手段,点亮企业品牌营销的新路径,创新企业品牌生活方式新主张,争做生活方式的引领者!

第六章　八种高利润模式实战和演化

高利润模式是企业追求的核心目标之一。在实战和演化中，高利润模式也是不断演变的。本章所阐述的八种高利润模式是相对超前的，属于当下结合未来的模式。中小企业可以结合自身实际情况和发展阶段，选择适合的高利润模式，并根据市场变化及时调整和创新。

隐形冠军模式和基恩士传感器

隐形冠军模式是指企业在某一细分领域深度耕耘，通过聚焦战略、精益求精，成为全球市场的领导者。这种模式的核心思想源于德国经济学家赫尔曼·西蒙的观点，他认为在全球化背景下，中小企业可以通过专业化的生产和经营，获得与大企业竞争的优势。隐形冠军模式强调企业应具备以下要素。

（1）高度专业化。企业应在某一细分领域具备高度的专业知识和技术，能够提供优质的产品或服务。

（2）全球市场领导力。企业在全球市场中占据领先地位，具有较强的市场份额和品牌影响力。

（3）持续创新。企业应具备强大的研发实力和创新精神，能够不断推陈出新，保持竞争优势。

（4）严格的质量控制。企业应注重产品质量，通过严格的质量控制和持续改进，赢得用户的信任和忠诚。

（5）紧密的用户关系。企业应与用户建立紧密的合作关系，了解用户需求，提供定制化的产品或服务。

基恩士传感器公司是典型的隐形冠军企业，它在激光传感器这一细分领域取得了卓越的成就。基恩士传感器公司自成立以来，一直专注于激光传感器的研发和生产。通过不断的技术创新和市场拓展，在激光传感器领域积累了丰富的经验，并形成了独特的技术优势。其产品广泛应用于自动化生产线、机器人、航空航天等领域，获得了用户的广泛认可和信赖。

基恩士传感器公司从成立之初就树立了全球化的战略目标，通过不断开拓国际市场，逐步成为全球激光传感器市场的领导者。目前，基恩士传感器公司的产品已出口到全球数十个国家和地区，拥有广泛的用户基础和市场份额。

基恩士传感器公司高度重视研发创新，不断推出新产品和新技术，以保持竞争优势。基恩士传感器公司拥有一支高素质的研发团队，不断进行技术研发和产品升级，以满足用户的各种需求。同时，公司还积极开展与高校、科研机构的合作，推动产学研一体化发展。

基恩士传感器公司始终坚持质量第一的原则，建立了完善的质量控制体系。从原材料采购、生产过程到产品出厂，每个环节都经过了严格的质量检测和控制。此外，基恩士传感器公司还积极引进先进的生产设备和管理理念，提高生产效率和产品质量。

基恩士传感器公司高度重视与用户的合作关系，建立了完善的用户关系管理体系。公司通过定期拜访、电话沟通、在线交流等方式，及时了解用户需求，提供个性化的产品和服务方案。同时，公司还积极与用户共同开展技术研发和项目合作，实现互利共赢。

虽然基恩士传感器公司运营良好，但随着传感器成本下降，其所出售传感器和传感器应用的收益微薄，因此公司的高收入来源主要是从商品专项服务即收集和处理信息服务而来。

这种传感即服务的商业模式是隐形冠军模式的另一种演化，毕竟冠军只有一个，行业排行在冠军之后的亚军、季军也可以通过隐形收入流活得很滋润。传感即服务的商业模式将数字和现实世界连接在一起，依靠传感器收集的数据提供相关服务。用户既可以是外部的消费者，也可以是企业内部的事业部，数据则来源于消费者自有（如智能手机、摄像头搜集到的）、公司自有或者第三方应用搜集。

Google 的 Nest 是传感即服务商业模式的典型，Nest 针对的是希望通过智能家居解决方案来降低能耗的消费者和企业。Nest 是一个能自主学习的控温器，会调整电力网络的消耗计划，通过与电力供应商和政府合作打造数据生态系统，在电力生产和消耗之间直接建立联系，优化双方的成本，提高电网利用率（见图6-1）。

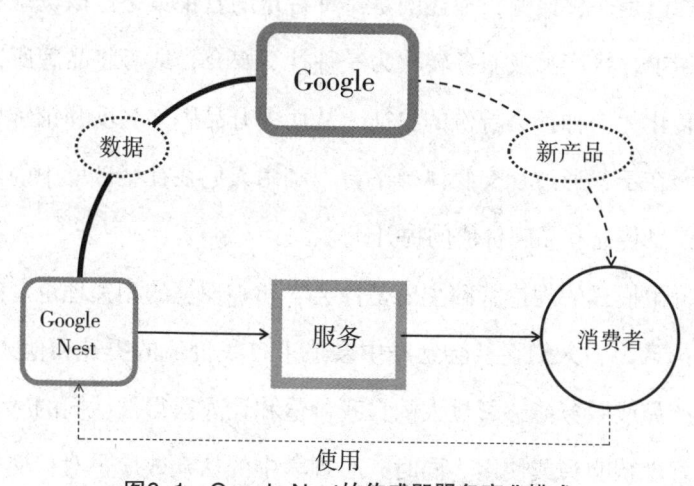

图6-1 Google Nest的传感即服务商业模式

Google Nest 的营收逻辑立足于传感即服务商业模式，兼容了 Nest 产品线中其他能收集数据的传感器，会参考传感器的数据和用户移动设备的数据输入，根据用户的需求设置日程安排，即其日程安排服务采用的是订阅商业模式。

通过对基恩士传感器公司和Google Nest的分析可以发现,隐形冠军模式是企业在激烈的市场竞争中取得成功的有效路径。在实践隐形冠军模式的过程中,中小企业应特别注重五个方面:①专注于细分领域的发展,形成专业化的竞争优势。②树立全球化的战略目标,拓展国际市场。③持续进行研发创新和技术升级。④建立完善的质量控制体系。⑤加强与用户的合作关系管理。这些要素相互促进、协同发展,有助于企业实现从优秀到卓越的提升。

社交货币模式和贵州茅台

社交货币是一种比喻,描述的是一种特定的营销策略。该策略利用人们的社会性需求,将产品或服务转化为一种社交媒介,或者将品牌所代表的背后的价值转化为一种社会身份的象征,从而提升品牌知名度和销售量。这种模式的核心在于,通过社交媒体等平台,利用人们在社会环境中的互动和分享,实现信息传播和品牌价值的提升。

社交货币模式的理论基础主要是社会学和心理学的相关理论。其中,社会交换理论认为,人们在社会互动中会追求自我价值的提升和他人的认同。因此,当产品或服务能够彰显人的自我价值和让人获得被认同的感觉时,人们会更愿意进行购买或使用。同时,心理学中的从众效应也对社交货币模式产生影响。从众效应指出,人们会受到群体压力的影响,倾向于与大多数人保持一致。因此,当一种产品或服务成为社交媒体上的热门话题时,更多的人会受到群体压力的影响,进而产生购买或使用这种产品或服务的意愿。

社交货币模式的实现方式主要包括以下四个方面。

（1）创造具有话题性的内容。通过创造有趣、新奇、富有创意的内容，吸引人们的注意力并引发讨论。这些内容可以包括各种形式的广告、品牌故事、用户生成的内容等。

（2）借助社交媒体平台。利用社交媒体平台如微信、微博、抖音等，将产品或服务传播给更多的人。在这个过程中，可以通过与"意见领袖"、"网红"等合作，扩大品牌的影响力。

（3）引导用户分享。通过设置分享机制、举办分享活动等方式，引导用户将产品或服务在自己的社交圈进行分享，从而进一步扩大品牌的影响力。

（4）建立品牌形象。通过在产品或服务中注入文化、价值观等元素，建立独特的品牌形象，提升消费者对品牌的认同感和忠诚度。

社交货币模式适用于多种场景，首当其冲的就是快消品行业，其产品和服务与人们的生活密切相关，因此更容易引发用户的关注和讨论，如化妆品、服装、饮食等行业可以采用社交货币模式来提升品牌知名度和销售量。再者就是互联网行业的产品和服务，也具有很强的社交属性，因此社交货币模式在该行业中应用广泛，如社交网络、在线视频、游戏等行业都采用社交货币模式来提升用户留存率和活跃度。

社交货币模式的效果评估主要包括以下四个"提升"。

（1）品牌知名度的提升。通过社交媒体等平台的传播，提高品牌的知名度和曝光率。可以通过品牌知名度调查、搜索引擎排名等方式进行评估。

（2）销售量的提升。通过吸引更多的人购买产品或服务，提高销售量。可以通过销售额统计、市场份额变化等方式进行评估。

（3）用户忠诚度的提升。通过建立品牌形象、提供优质的产品或服务等方式，提高用户的忠诚度和复购率。可以通过用户满意度调查、用户留存率等方式进行评估。

（4）口碑传播的提升。通过引导用户分享、建立口碑传播机制等方式，提高口碑传播的效果。可以通过用户评价、分享率等方式进行评估。

茅台，中国的高端白酒品牌，以其独特的酿造工艺和卓越的口感赢得了全球消费者的青睐。近年来，茅台不仅被视为一种高品质的酒类产品，更逐渐成为一种社交货币。这种社交货币模式不仅提升了茅台的品牌价值，更为消费者提供了一种全新的社交体验。

白酒行业技术更迭慢，存续期久，行业增长空间大，盈利增长不依赖资本投入，库存不贬值，是一种刚性的社交品。而品牌力是高端酒的核心竞争力，对于茅台这种老字号品牌，时间就是朋友。回顾茅台的发展史，不管行业格局如何变迁，其对产品品质的超高要求，对品牌力的持续挖掘几乎从未间断。比如，对工匠精神的传播，对精英文化的打造，对收藏属性的塑造和推广。一瓶普通茅台酒从投料到出厂，需要经过30道工序、165个工艺环节的锤炼，时间至少需要五年（见图6-2）。

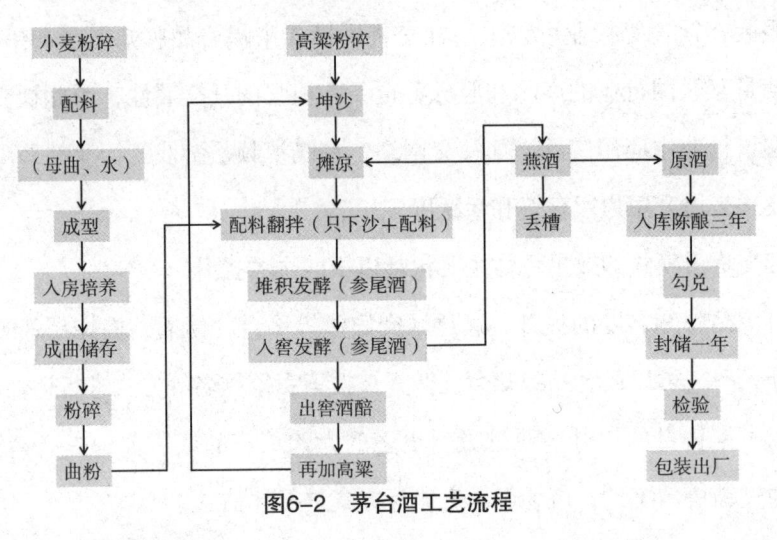

图6-2 茅台酒工艺流程

正是长期不断的积累，让茅台社交货币的属性日渐突出，人们愿意为了追求那种独特的社交体验而为茅台付出更高的价格，从而使得茅台在市场上的售价居高不下。当消费者在社交场合饮用或赠送茅台时，他们也获得了来自他人的认可和尊重,这种心理满足感进一步强化了他们对茅台的忠诚度。

通过以上分析可以看出,茅台作为一种高端白酒品牌,在市场上的成功离不开社交货币模式的支撑。这种模式不仅提升了品牌价值,增强了消费者的忠诚度,更为营销策略的创新提供了新的思路。

未来,随着中国消费市场的不断扩大和升级,高端白酒市场的竞争将更加激烈。茅台需要继续发挥其在社交货币模式中的优势,不断创新和提升品牌价值,以巩固其市场领导地位。同时,其他品牌尤其是中小企业也可以借鉴茅台的成功经验,探索适合自己的社交货币模式,实现与消费者的情感连接和品牌价值的提升(见图6-3)。在激烈的市场竞争中,品牌与社交货币的结合将成为一种趋势,引领着中国企业的发展方向。

环节	说明
创造话题热点	中小企业应关注时下热门话题和社会趋势,从中寻找与品牌相关的切入点,创造具有吸引力和讨论度的话题,提高品牌曝光度
提升品牌形象	中小企业应通过分享有价值的内容,展示企业文化、产品特色等,提升品牌美誉度和认知度
强化口碑传播	中小企业应提供优质的产品和服务,让用户自愿分享良好体验,以诚信和专业提高口碑传播效果
打造企业特色	中小企业应通过凸显个性,让企业在众多品牌中脱颖而出,包括产品设计、企业文化、品牌理念等方面
增加互动参与	中小企业应通过发起话题讨论、举办线上活动等形式,吸引用户参与互动,增强用户的归属感和参与感
构建社群力量	中小企业应通过定期发布优质内容、组织线上线下活动、发掘社群中的"意见领袖"等,增强社群凝聚力,扩大品牌传播范围
创意营销活动	中小企业可以根据自身特点和目标受众喜好,策划有趣、有奖、有话题的创意营销活动,提高品牌知名度

图6-3 社交货币模式对中小企业的启示和借鉴方法

总结:社交货币模式为中小企业提供了一种低成本高效率的营销策略。通过创造话题热点、提升品牌形象、强化口碑传播、打造企业特色、增加互动参与、构建社群力量以及创意营销活动七个方面,中小企业可以更好地运用社交货币模式提升品牌价值和市场份额。同时,中小企业应保持敏锐的市场洞察力,不断调整和优化营销策略,以适应不断变化的市场环境。

轻资产模式和万师傅服务

轻资产模式是企业通过优化资源配置,降低固定资产投入,以较小的资本投入获得最大效益的一种经营模式。在这种模式下,企业更加专注于核心业务,注重品牌建设、技术创新、人力资源等无形资产的投资和管理。

具体来说,轻资产模式的核心在于优化资源配置,提高资产利用效率。企业通过将非核心业务外包或租赁,可以降低固定资产的投入,减轻企业的资金压力,减少管理成本和人力资源成本。这样,企业就可以集中资源,专注于核心业务的发展和创新,提高自身的核心竞争力。总的来说,实现轻资产模式的具体做法包括以下五个方面。

(1)外包非核心业务。企业可以将生产、物流、销售等非核心业务外包给专业的服务商,从而降低成本、提高效率。例如,许多企业将生产环节外包给代工厂,自己则专注于产品设计和品牌营销。

(2)租赁而非购买。企业可以通过租赁的方式获取所需的设备和资源,避免大量固定资产的投入。例如,租赁生产线、办公设备、仓库等,根据实际需求灵活调整,降低企业风险。

(3)聚焦核心业务。企业需要明确自己的核心竞争力,并集中资源投入到核心业务中,通过不断创新和优化,提高核心业务的竞争力和盈利能力。

(4)高效的运营管理。企业需要建立灵活的组织结构,优化流程和资源配置,加强内部协作和执行力,以确保轻资产模式的顺利实施。

(5)合作伙伴关系。企业需要与供应商、服务商等建立良好的合作伙伴关系，通过共享资源和信息，实现共赢和共同发展。

成功实施轻资产模式的企业或者成立之初就搭建轻资产模式的企业，对比未实施轻资产模式的企业，主要有三个方面的好处：首先，其固定成本和运营成本都会降低，进而使得总成本降低；其次，可以提高运营管理水平，快速调整资源配置和业务策略，以适应市场的变化和发展；最后，可以根据企业核心业务能力和市场需求进行资源配置，从而提高资源的合理利用率，降低企业投资风险。

万师傅作为一家互联网家居服务平台，为2400万个用户家庭提供了上门安装服务。它以独特的服务和轻资产模式，快速崛起并成为行业内的佼佼者。

万师傅采用互联网平台化运营模式，通过技术手段将传统家居服务与互联网深度融合。这种模式降低了万师傅对大量实体资源的依赖，减少了固定资产的投入，提高了运营效率。万师傅与众多家居品牌商、安装师傅建立了紧密的合作伙伴关系，降低了自身的运营成本，提高了服务质量，扩大了服务范围，与合作伙伴实现了资源共享和互利共赢。万师傅持续进行技术创新，优化平台功能和用户体验，不断提高服务质量，降低运营成本，增强品牌影响力。万师傅注重人力资源的培养和发展，建立了完善的培训体系和激励机制，激发员工的创造力和潜能。

万师傅的服务模式具体可以概括为以下四大项：

（1）服务理念。万师傅始终将用户放在首位，提供高品质、贴心的家居服务。万师傅坚信，通过不断优化服务流程，提高服务水平，能够让用户享受到更美好的居住体验。

（2）服务流程。万师傅的服务流程以用户需求为导向，注重细节和效率。用户通过万师傅平台下单后，平台会根据用户所在地区和具体需求，提供最优化的服务方案。在服务过程中，万师傅会对服务进度进行实时跟踪，确保服务质量。

（3）服务团队。万师傅拥有一支专业、经验丰富的服务团队。团队成员均经过严格筛选和培训，具备高度的责任心和服务意识。通过不断培训和激励，万师傅确保团队成员始终保持高昂的工作热情和专业的服务水平。

（4）服务创新。为了满足不断变化的客户需求，万师傅不断进行服务创新。例如，针对传统家居维修中存在的问题，万师傅推出了"一站式"维修服务，涵盖安装、维修、保养等多个方面，为客户提供了全方位的家居服务解决方案。

经过对轻资产模式的不断打磨深耕，万师傅越来越深刻地感受并享受到了轻资产模式带来的优势。最直接的优势有两个：一个是降低运营成本，这对于初创企业和中小型企业来说尤为重要，能够提高它们的竞争力和盈利能力；另一个是提高运营效率，可以让企业更好地满足用户需求，提高市场份额，实现可持续发展。最广泛的外部优势是增强品牌影响力，让企业可以进行深度的轻资产运营。最深入的外部优势是快速响应市场，让企业更加灵活地适应市场的变化和发展。最有价值的内部优势是优化资源配置，企业的资源得到更加合理的利用。最具托底性质的优势是降低投资风险，让企业可以更加稳健地发展。

对于相关行业和企业而言，万师傅的成功经验提供了有益的借鉴。在如今的数字化时代，企业有足够多的条件可以实施轻资产模式运营。例如，青豆集团，仅用60人便做到了英语教育机构全国第三，建立起了管理百万人的教学社区。

如今轻资产模式被很多企业界大佬看作行业的颠覆性模式，这必然会造成轻资产运作大热，使越来越多看似不起眼的企业在低成本中迅速崛起。然而，并不是所有的企业都适合轻资产转型路线，在目前的轻资产模式实践中，成功运营必须符合三项原则，即硬实力原则、强甄选原则、高壁垒原则

（见图 6-4）。

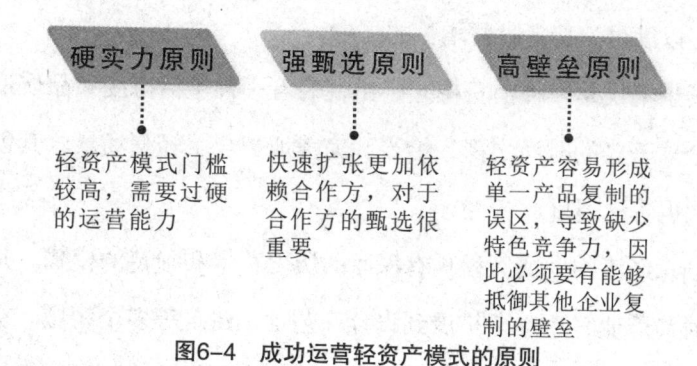

硬实力原则：轻资产模式门槛较高，需要过硬的运营能力

强甄选原则：快速扩张更加依赖合作方，对于合作方的甄选很重要

高壁垒原则：轻资产容易形成单一产品复制的误区，导致缺少特色竞争力，因此必须要有能够抵御其他企业复制的壁垒

图6-4　成功运营轻资产模式的原则

万师傅的成功表明，在互联网和数字化时代，传统行业与新兴技术的深度融合是推动企业变革和行业发展的关键。对于中小企业而言，如何在资源有限的情况下实现快速发展和盈利，轻资产模式提供了重要的启示和借鉴方法。可以通过聚焦核心业务、优化资源配置、强化品牌建设、提升创新能力、降低运营成本、强化风险管理、高效利用外部资源、优化供应链管理和提升客户体验等方面，更好地运用轻资产模式提升市场竞争力并实现可持续发展。在未来，随着市场的不断变化和消费者需求的升级，轻资产模式将继续引领行业潮流，成为更多企业的借鉴和参考。

轻奢场景模式和米兰都市创意经济

轻奢场景的兴起，一方面源于消费者对高品质生活的追求，另一方面则是市场对消费者需求的敏锐洞察和精准定位。在轻奢市场，消费者愿意为品质和设计付出一定的溢价，他们追求的不再是简单的价格实惠，而是更高的生活品质和个性化体验。

可以说，轻奢市场的出现，为消费者提供了更多的选择空间，同时也为企业带来了新的商机。在竞争激烈的市场环境中，企业需要不断创新和提升产品品质，以满足消费者日益增长的需求。

轻奢场景不仅是一种消费模式，更代表着一种生活态度和品质追求。而米兰作为全球著名的时尚之都，恰当和完美地契合了轻奢场景，其创意经济的发展模式也备受瞩目。

米兰创意经济的发展历程具有深厚的历史背景和独特的模式。其创意经济起步于时尚产业，后逐渐扩展到设计、艺术、建筑等多个领域。在这一过程中，米兰市政府也出台了一系列政策措施，为创意产业的发展提供了有力的支持。

米兰的创意经济对国内和国际产生了广泛的影响。在国内层面，米兰的创意产业已经成为意大利经济发展的重要支柱之一，为其国内创造了大量的就业机会和经济效益。在国际层面，米兰的创意产业已经成为城市形象的重要代表，吸引了众多国际游客和投资者的目光。

轻奢场景与米兰创意经济之间存在着密切的联系。首先，轻奢场景为米兰创意经济的发展提供了广阔的市场空间。在轻奢市场中，消费者对品质和设计的追求为米兰的时尚、设计等产业提供了发展动力。其次，米兰的创意经济也为轻奢场景提供了丰富的素材和灵感来源。从米兰时装周到各类设计展览，创意产业的发展为轻奢市场提供了源源不断的创新元素。此外，轻奢场景与米兰创意经济之间的互动关系还体现在以下三个方面。

（1）品牌合作。许多米兰的时尚品牌通过与设计师和创意团队合作，将时尚与艺术相结合，推出了一系列独具特色的轻奢产品，吸引了大量追求品质和个性的消费者。

（2）跨界融合。在米兰的创意经济模式下，不同领域之间的跨界融合成为一种常态。例如，时尚与科技的结合，不仅使得消费者能够更加便捷地购买到心仪的轻奢产品，同时也为设计师提供了更多的创新思路和表现形式。

（3）人才培养。米兰的创意经济模式注重人才培养和创新环境的营造。通过举办各类设计比赛、艺术展览等活动，吸引了大批年轻设计师和创意人才的关注和参与，为轻奢市场的发展注入了新鲜血液。

随着消费市场的不断变化和升级，轻奢市场与米兰创意经济之间的联系将更加紧密。随着消费者对个性化需求的增加，轻奢市场将更加注重产品的独特性和定制化服务。可持续发展将成为轻奢市场和米兰创意经济的共同关注点，从原料选择、生产工艺到消费方式等方面，将更加注重环保和可持续发展。数字化技术将在轻奢市场和创意经济中发挥越来越重要的作用。例如，通过大数据分析消费者行为和市场趋势；利用虚拟现实技术为消费者提供更加沉浸式的购物体验；借助电子商务平台拓展线上销售渠道等。轻奢市场和米兰创意经济将更加注重国际合作与交流，通过与世界各地的企业和机构合作，共同推动创新成果的共享和市场拓展。

放眼全世界，符合轻奢场景的创意经济模式的绝非米兰一城，其他很多城市、很多领域、很多用户群体都在轻奢上做足了文章。其中，家族品牌和工匠精神逐渐成为轻奢市场中的一大亮点。这些品牌源于传统工艺，拥有长久的历史和文化积淀，成为品质和特色的象征。而王室和中产轻奢消费模式则展现了不同阶层对于家族品牌和工匠精神所代表的轻奢消费模式的追求与认可。

1. 家族品牌与工匠精神的传承

家族品牌往往承载着几代甚至几十代人的努力和智慧，这些品牌的核心是工匠精神。工匠精神代表了人们对品质的极致追求和对细节的关注，是品牌得以长久延续的基石。许多家族品牌都以独特的工艺和无可挑剔的品质赢得了消费者的信赖，成为市场上的佼佼者。

工匠们经过长期的实践和经验积累，熟练掌握了家族传统的工艺技术，并不断追求创新和突破。他们注重每一个细节，力求将每一个产品都打造得完美无瑕。这种对品质的执着追求和对工艺的热爱，使得家族品牌在市场中独树一帜，成为品质和特色的代表。

2. 王室对家族品牌与工匠精神的认可

王室作为社会权力和地位的象征，对于品质和特色的追求尤为严格。他们对于家族品牌和工匠精神的认可，无疑是对这些品牌的最好背书。许多家族品牌因为得到了王室的青睐而名声大噪，成为权贵和奢侈的代表。

王室成员经常佩戴家族品牌的珠宝，穿着定制的服装出现在公共场合，这些细节都展现了他们对家族品牌和工匠精神的尊重与认可。家族品牌也因此成为权力和地位的象征，成为贵族社会的宠儿。

3. 中产轻奢消费模式对家族品牌与工匠精神的追求

随着中产阶层的崛起，轻奢消费模式正逐渐成为市场中的主流。中产阶层消费者注重品质和特色，但又不愿过度为奢侈消费买单。他们追求的是一种"轻奢"的生活方式，既注重品位和品质，又不过度张扬。而家族品牌和工匠精神恰恰满足了这一需求。

中产阶层消费者对于家族品牌和工匠精神的追求，不仅是因为其品质和特色，更是因为这些品牌所代表的生活态度和文化价值。他们愿意为品质和品位买单，但同时也注重消费的文化内涵和社会意义。这种追求使得中产阶层成为家族品牌的重要消费群体，推动了家族品牌的繁荣与发展。

综上所述，家族品牌、工匠精神、王室和中产轻奢消费模式之间形成了一种共赢的关系。这种关系不仅是一种商业上的合作与交流，更是一种文化和价值观的共鸣。在这种关系中，家族品牌得到了更好的传承与发展，工匠精神得到了应有的尊重与推崇；王室获得了品质与特色保障，中产阶层消费者得到了品位与价值的满足。

虽然本小节讲述的东西好像有些高端，涉及了家族品牌和王室，但并不意味着轻奢的概念就不适用于中小企业了，都市创意经济模式同样为中小企业提供了新的发展机遇和挑战。通过关注创意产业、提升创新能力、加强文化品牌建设、重视人才引进与培养、实现数字创意转型、利用政策支持与引导以及加强国际合作与交流七个方面，中小企业可以在都市创意经济模式中取得成功并实现可持续发展。

在未来，随着全球化和消费者需求的不断变化，家族品牌、工匠精神、王室与中产轻奢消费模式之间的关系还将继续深化和拓展。他们将共同探索更多新的合作领域和市场机会，为全球消费者带来更多优秀的产品和服务体验。同时，这种关系也将成为推动社会进步和文化发展的重要力量，为世界经济和文化的发展作出积极贡献。

高端圈层社交网络模式和高古轩画廊

高端圈层社交网络模式是指在特定社会阶层中，通过特定渠道和方式，建立和维护人际关系的过程。这个模式主要关注的是具有一定社会地位、财富和影响力的人群，他们通过共享相似的价值观、兴趣和目标，形成了一个个相对封闭但又相互交织的社交圈。

社会资本理论认为，个人或组织在社会关系网络中积累的资源是其社会资本。高端圈层的成员通过建立和维护关系网络，积累了大量的社会资本，进而提升了自己的社会地位和影响力。

社会认同理论认为，人们通过将自己归入特定的群体，以获得自尊和认同。在高端圈层中，成员通过共享相似的价值观、兴趣和目标，形成了特定的社会认同，这种认同是他们愿意参与社交活动、建立和维护关系的重要动力。

符号互动理论认为，人们通过符号（如语言、行为）进行交往，这些符号在特定的社会文化背景下具有特定的意义。在高端圈层中，成员间的互动往往涉及大量的符号，如特定的语言、行为方式等，这些符号是他们建立和维护关系的基础。

正是鉴于上述理论的支持，高端圈层社交网络模式通常具有三种特性：①封闭性：高端圈层社交网络通常对外界保持一定的封闭性，这是因为其成员更倾向于保护内部信息和关系，以保持其特权和优越性。②互惠性：高端圈层成员间的交往往往建立在互惠互利的基础上，他们通过共享资源、信息和经验，以提升彼此的社会地位和影响力。③共享性：高端圈层的成员通常具有相似的价值观、兴趣和目标，这种共性是他们建立和维护关系的基础。

因此，高端圈层社交网络中的活动常常具有强烈的仪式感，如高端聚会、奢华旅游、古玩收藏等，这些活动不仅是一种社交形式，也是彰显成员社会地位的方式。高端圈层社交网络模式是一种特殊的社会现象，它对个人和社会都具有重要影响。理解这种模式有助于我们更好地理解社会的运作机制和文化传播方式。

下面，为了更好地理解高端圈层社交网络模式的具体运作方式，我们就借助高古轩画廊的案例来看一看它是如何做到一年营收60亿元的。

虽然在一些经营者看来，一年营收60亿元不算什么，但别忘了，做到这个数值的是一家画廊。那么，高古轩是怎么做到的呢？在现代商业环境中，成功的商业模式不仅是单一的销售或服务方式，更是一个多维度、相互关联的系统。高古轩画廊作为全球顶级画廊，其成功的商业模式涉及多个方面，具体包括艺术银行圈层营销模式、高端跨代理财投资、用户定义企业本身三个部分。

1. 艺术银行圈层营销模式

艺术银行圈层营销模式的核心在于通过精准的圈层定位，为特定的群体提供高品质的艺术服务。在这一策略下，高古轩画廊特别注重以下四个方面。

（1）明确市场定位。高古轩画廊明确自身的市场定位为高端客户群体，确保了画廊在选择艺术品和提供服务时能够满足特定用户的需求和品位。

（2）建立圈层联系。通过定期举办艺术展览、沙龙和私人品鉴等活动，高古轩画廊有意识地建立起一个高端的艺术圈层，不仅为画廊带来了稳定的客源，也为用户提供了一个交流和互动的平台。

（3）个性化服务。高古轩画廊特别强调为每位用户提供个性化的服务和体验，从艺术品推荐、收藏建议到艺术品私人定制，画廊始终保持与用户的紧密互动，满足他们的独特需求。

（4）圈层内的口碑传播。由于服务的高品质和用户的满意度，高古轩画廊在圈层内形成了良好的口碑，使画廊的影响力和知名度得以在高端市场迅速提升。

通过这一商业模式，高古轩画廊不仅在市场上确立了自己的品牌形象，也与用户建立了深厚的联系，为画廊的长期发展奠定了坚实的基础。

2. 高端跨代理财投资

除了传统的艺术品销售，高古轩画廊还积极开展跨代理财投资业务。这种模式允许画廊为用户提供多样化的投资机会，同时也为画廊带来了稳定的收入来源。

（1）多元化投资组合。高古轩画廊根据用户的投资偏好和风险承受能力，为其构建多元化的艺术品投资组合，包括当代艺术、古代艺术、油画等不同领域，以满足用户对资产保值和增值的需求。

（2）专业投资建议。画廊为用户提供专业的投资建议和艺术品市场的分析报告，帮助他们做出明智的投资决策，增强了用户对画廊的信任度，促进了长期合作关系的建立。

（3）资产管理与运营。高古轩画廊具备专业的资产管理和运营能力，能够对用户的艺术品资产进行高效管理和优化，为用户节省了时间和精力。

（4）融资与贷款服务。为了满足用户在艺术品投资过程中的资金需求，高古轩画廊还提供融资和贷款服务，为客户带来了更大的灵活性，使他们能够在艺术品市场上实现更大的投资回报。

通过高端跨代理财投资业务，高古轩画廊进一步扩展了自身的业务范围，提高了盈利能力。同时，也为用户提供了更多元化的投资选择，促进了艺术品市场的繁荣与发展。

3. 用户定义企业本身

在现代商业环境中，用户的需求和体验对企业的发展至关重要。高古轩画廊深知这一点，始终将用户的需求放在首位，并以此作为企业发展的重要驱动力。

（1）持续的用户调研。高古轩画廊定期进行用户调研，了解用户的喜好、需求和期望。这些调研为企业提供了宝贵的信息，帮助其改进产品和服务。

（2）个性化体验打造。根据用户的调研结果，画廊不断优化自身的服务和体验，从展览的主题、艺术品的选择到活动的组织形式，都充分考虑用户的意见和建议。

（3）实时反馈与调整。在与用户的日常互动中，高古轩画廊非常注重收集用户的反馈意见。这些意见被及时纳入决策过程中，帮助企业不断优化运营策略。

（4）用户参与和创新。为了更好地满足用户的需求，高古轩画廊鼓励用户参与到产品和服务的创新过程中。这种参与不仅增强了用户的归属感和参与感，还为企业的创新提供了新的思路和方向。

（5）社区建设与维护。通过建立和维护一个活跃的艺术社区，高古轩画廊与用户建立了紧密的联系。这个社区不仅是用户相互交流的平台，还是企业收集用户反馈的重要渠道。

通过以上措施,高古轩画廊真正做到了让用户定义企业本身。这种以用户为中心的经营理念不仅提升了用户体验,还进一步巩固了企业在艺术品市场中的地位。

综上所述,高古轩画廊的商业模式是一个多维度、相互关联的系统。通过艺术银行圈层营销模式、高端跨代理财投资以及用户定义企业本身三个核心方面的发展策略,画廊在市场中确立了自己的竞争优势,并取得了显著的成功。

当然,高古轩画廊仍需在商业模式上进行不断创新与优化,以适应市场变化和用户需求,维持企业的高利润收益。在未来的研究中,可以进一步探讨这种模式下的互动机制、文化传播途径以及如何利用这种模式来提升个人的社会地位和影响力。但是,也必须要意识到,这种模式可能导致社会不公和贫富差距的扩大,因此,需要采取措施来平衡不同阶层之间的关系,以促进社会的和谐发展。

高端圈层社交网络模式对中小企业具有重要意义,能够为其带来更多商业机会、促进品牌传播以及增强用户黏性(见图6-5)。

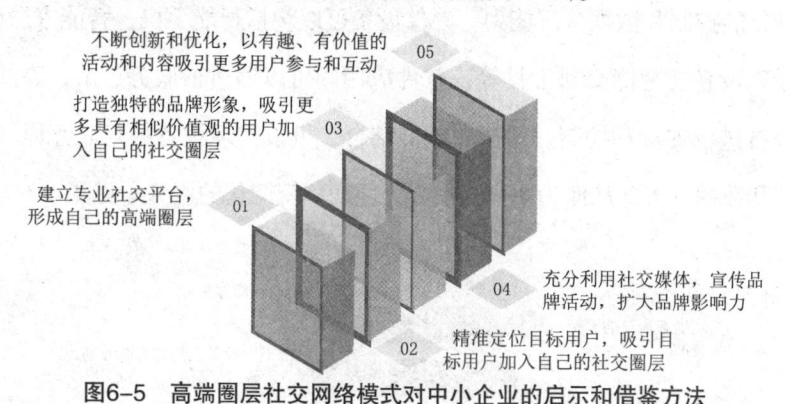

图6-5 高端圈层社交网络模式对中小企业的启示和借鉴方法

总之,高端圈层社交网络模式对中小企业具有重要的启示意义,企业应积极探索和实践这种模式,以实现更好的发展。

软硬件结合生态场景模式和苹果商城抽成及抖音投流

软硬件结合生态场景是指在某个特定领域中，通过软件和硬件的结合，创造出一个完整的生态系统，旨在满足用户在该领域中的全方位需求。这种生态场景通常包括多个组成部分，如硬件设备、软件应用、服务、内容等，它们相互支持、协同工作，形成一个具有高度自适应性和可持续发展的生态系统。

软硬件结合生态场景的出现，源于现代科技的快速发展以及对智能化、高效化生活的追求。随着物联网、人工智能、云计算等技术的普及，硬件设备与软件应用的结合越来越紧密，使得各种生态场景成为可能。软硬件结合生态场景的优势在于能够提供更为个性化和优质的服务，同时通过数据分析和智能算法不断优化用户体验，满足用户不断变化和增长的需求。

在软硬件结合生态场景中，硬件设备是实现功能的基础，软件应用则提供了智能化的控制和数据分析能力。硬件设备可以包括智能手机、智能家居设备、智能穿戴设备、智能交通工具等，软件应用则可以通过云服务、App 等方式与硬件设备进行连接和控制。通过软硬件结合，可以实现设备的互联互通、智能化管理和数据分析，从而为用户提供更为便利和智能化的服务（见图6-6）。

图6-6 软硬件结合生态场景的特点

软硬件结合生态场景创造出的满足用户全方位需求的完整生态系统，应用最好的是新兴的高科技企业和互联网企业，在此我们详细介绍两个案例，分别是苹果商店 30% 抽成模式和抖音投流模式的具体运作。

1. 苹果商店 30% 抽成模式

长久以来，App Store 一直以其对第三方应用收取 30% 的收入提成而成为苹果公司营收的重要组成部分，因此素来有天下苦"苹果税"久矣之说法，即苹果手机上 App 的收入 iOS 会抽掉 30%。更严谨的说法是，但凡基于苹果提供的应用内付费（IAP, In-App Purchase）服务的 App，苹果公司要分走其收入的 30% 作为平台费用。但是，苹果公司对实物商品买卖或者线下服务不抽成，只对提供虚拟数字产品（视频内容）的 App 抽成 30%。

尽管 iOS 系统的封闭性确保了更为纯净、安全的体验，但这种高达 30% 的昂贵费率"垄断"也给用户带来了无形的溢价，最终伤害的还是终端消费者，因为软件开发人员会将增加的成本转嫁给付费购买应用和服务的 iPhone 和 iPad 用户。

2020 年，《堡垒之夜》因不想被抽取 30% 的"苹果税"，绕过苹果内购 IAP 机制，在游戏中为玩家提供了一种更为便宜的新支付方式，苹果公司发现之后立即将这款游戏从 App Store 下架，且关闭了开发者账号。《堡垒之夜》说苹果公司搞垄断，苹果公司说《堡垒之夜》在"白嫖"，争执之下双方闹上了法庭，最终《堡垒之夜》败诉。

虽然苹果公司胜诉了，但也需要一些姿态来挽回用户的心，于是在三年前宣布对 App Store 进行一系列更新，更新的协议条款中声明：开发者可以使用电子邮件等通信方式与用户共享 iOS App 之外的支付方式信息。

这看起来是很不错的一项政策，iOS 应用将允许 App Store 外支付，好像"苹果税"要被彻底"摘帽子"了。但如果深入了解《App Store 审核指南》条款 3.1.1 就会发现，开发者必须使用 App 内购买项目，不得利用自身机制来引导用户使用非 App 内付费项目机制进行购买。

此后，苹果推出的"App Store 小型企业计划"，即年收入低于 100 万美元的开发者将减少 15% 的佣金，年收入超过 100 万美元的开发者将支付 30% 的佣金。

苹果真的"屈服"了吗？苹果同意对 App Store 进行调整的举动显然是经过了深思熟虑的，因为数据统计 App Store 中年收入不到 100 万美金的开发者约占 99%。所以，苹果公司在损失最小的情况下，分化开发者队伍，以降低外界对苹果"垄断行为"的抵抗。但苹果公司 30% 抽成仍然在继续，毕竟苹果是一家商业公司，就是要追求利润，抽成是一种无本万利的高利润模式，是不会轻易改变的。

2. 抖音投流模式

随着抖音竞争的日益激烈，想要获得更好的抖音流量，除了必须做好自己的抖音短视频内容，还需要做好投流和相应的数据分析工作。

抖音投流是通过广告投放的方式让自己的直播间或短视频获得更高的流量。在进行抖音投流之前，需要了解抖音投流怎么投。目前，抖音投流主要有以下两种方式。

（1）自然投流。上传的视频根据抖音的算法被推荐给感兴趣的用户，不需要花费任何费用。

（2）付费投流。通过抖音的广告平台，为所发布的视频设置预算、目标、定位等参数，让视频以广告形式出现在用户的推荐页或搜索页，这需要支付一定的费用。

自然投流和付费投流各有优势与劣势，需要根据目标和资源，选择合适的投流方式。

自然投流能够节省成本，但需要花费更多的时间和精力制作出高质量、有创意、符合用户喜好的视频内容，且结果不可控。付费投流可以快速获得曝光和流量，提高转化率和销售额，进而提高品牌认知度和口碑，但需要花费更多资金制定合理的广告策略，并需要持续优化和调整。

无论哪种投流方式，优质的视频内容才可能获得更高的流量，而我们可以通过这样五个方法来对视频内容进行优化，以获得更高质量的视频，如图6-7所示。

01 **选择合适的话题和内容**
选择与自己的兴趣、专业、爱好相关的话题和内容，让自己制作的视频更有特色和优势。
关注抖音上的热门话题和趋势，结合自己的创意风格，制作出符合时代潮流和用户需求的视频

02 **优化视频的标题、封面和标签**
标题应简洁明了，能够概括视频的主要内容和亮点，吸引用户的注意力和好奇心。
封面应清晰美观，能展示视频的精彩画面或者人物形象，引起用户的兴趣和情感。
标签应准确贴切，能够描述视频的类型、风格、话题等关键词，让用户更容易找到自己感兴趣的视频

03 **利用音乐、特效和字幕增加视频的表现力**
音乐、特效和字幕是抖音上常用的短视频制作工具，可以增加视频的表现力和吸引力

04 **做好数据分析工作**
做短视频运营，绝不是简单地剪辑视频与发布视频，还需要对竞争对手的数据进行分析了解，此时可以用达多多，在达多多中输入竞争对手的抖音号，查看对方数据即可

05 **模仿胜过搬运**
与其搬运别人的视频，不如模仿别人的视频进行原创视频创作。模仿和搬运最大的区别是，模仿一定有自己的创作元素融入进去，从声、色、问、风格上稍做调整，就脱胎换骨了。所以，我们经常可以看到一些短视频PT里，很多原创的视频没多少播放量，但是模仿者再创作后反而爆了

图6-7 抖音投流如何获得更高流量

无论是苹果的抽成还是抖音的投流，都是软硬件结合生态场景的现实体现。未来，随着技术的不断进步和应用领域的拓展，软硬件结合生态场景将为人们的生活和工作带来更多便利和创新，也将为企业的商业模式扩展和利润增长带来新的思路和渠道。

原产地模式和西湖龙井茶

原产地模式是指某一地区的文化产业以某一特色文化资源为基础，通过整合产业链、打造完整的文化产业生态系统，实现持续的经济发展和文化传承。原产地模式的核心在于发挥地区特色优势，形成具有国际竞争力的文化

产业集群。

如今原产地模式已经成为许多企业战略布局的重要考量。企业的经营策略基于其所在地的资源、文化和市场环境，做到充分利用本地优势，实现经营效益的最大化。

说到利用原产地模式发展壮大的产品品牌，西湖龙井茶无疑是一个绕不过去的典型。在中国的茶叶市场上，西湖龙井茶犹如一颗璀璨的明珠，它不仅是中国的十大名茶之一，更因其独特的品质和悠久的历史而享誉全球。西湖龙井茶的历史可以追溯到唐代，至今已有上千年的历史。在漫长的发展过程中，西湖龙井茶积累了丰富的内涵，形成了自己独特的品质特征，如独特的生态环境、严格的采摘与制作工艺、高雅的文化象征等。

西湖龙井茶的核心产区位于杭州市西湖区，这里的茶园经过数百年的精心培育，已经逐渐形成了自己的一套独特而完整的制茶工艺。正是这种工艺的传承与创新，使得西湖龙井茶在市场竞争中始终保持领先地位，获得了高额的利润，为小企业创建品牌提供了宝贵的借鉴经验。具体来说，在原产地模式下，西湖龙井茶主要是从以下五个方面来为中小企业提供借鉴的。

（1）品牌化经营。西湖龙井茶之所以能够卖出高价，在很大程度上得益于其强大的品牌影响力。因此，中小企业应该注重品牌的建设与维护，通过精准的市场定位和有效的传播策略，提升品牌的知名度和美誉度。

（2）差异化竞争。在茶叶市场上，产品同质化现象严重。西湖龙井茶之所以能够脱颖而出，关键在于其差异化的品质特征和独特的制茶工艺。因此，中小企业应该深入研究市场需求，发掘自身的独特优势，通过产品创新和差异化竞争，来赢得市场份额。

（3）线上线下融合发展。随着互联网的普及和电子商务的兴起，线上线下融合发展已经成为茶叶企业转型升级的必由之路。因此，中小企业应该充分利用互联网平台，拓展线上销售渠道，提升线下门店的体验和服务质量，实现线上线下相互促进、共同发展。

（4）跨界合作与产业链整合。茶叶市场的竞争已经从单一的产品竞争转向产业链竞争。中小企业应该积极寻求跨界合作，与相关产业的企业建立战略合作关系，实现资源共享、优势互补。同时，应关注产业链上下游的发展动态，优化资源配置，提高整个产业链的竞争力。

（5）持续创新与研发。西湖龙井茶之所以能够长久地保持领先地位，与其持续不断的创新和研发分不开。因此，中小企业应该注重技术研发和产品创新，不断推出符合市场需求的新产品和升级换代产品，以保持竞争优势。

由此可见，西湖龙井茶的成功经验为中小企业创建品牌提供了宝贵的经验借鉴。中小企业应深入挖掘自身优势和市场需求，以品牌建设为核心，以创新驱动为动力，探索适合自己的高利润模式。同时，中小企业还应关注整个产业链的发展趋势，加强跨界合作与资源整合，以不断提升其核心竞争力和市场地位。

资本运作、资产增值模式与段永平模式

在当今高度市场化的经济环境中，资本运作和资产增值模式已成为企业发展和获取高利润的重要驱动力。资本运作不仅包括资金的投入和产出，还涉及资产的有效配置、企业并购、上市等多元领域。资产增值则关注通过合理的资本运作，提升资产价值，为企业创造更大的利润空间。本小节将深入探讨资本运作和资产增值模式的内在逻辑，以及如何通过投资优质资产实现增值。

1. **资本运作模式——资金的流动与增值**

资本运营涉及企业资产的有效管理和运作，核心在于通过合理配置和高效利用资源，实现资金的流动与增值。这需要企业在多个层面上进行策略性的规划和操作，具体包括：

（1）资金筹措。企业需根据自身发展需求和市场环境，制定合适的筹资策略。筹资方式包括内部积累、银行贷款、发行债券等，企业需权衡成本与风险，选择最优的筹资途径。

（2）投资决策。企业需要对投资项目进行全面评估，分析其潜在风险和回报，以确保投资决策的科学性和合理性。

（3）资本运营。企业应通过合理的资产组合提高资产运作效率，降低运营成本，规避或减少资本运营风险。

（4）企业并购与重组。并购与重组是企业快速扩大规模、获取优势资源的重要手段。企业需谨慎评估并购对象，制定合理的并购策略，以实现并购效益的最大化。

（5）资本退出。当资本需要退出某一投资领域时，企业需制定合适的退出策略，确保资本的顺利退出和获得最大回报。

2. 资产增值模式——投资优质资产的逻辑与策略

投资是企业将资金转化为资产的过程，对企业的长期发展来说至关重要。通过投资优质资产，企业能够实现资产的持续增值，进而提升竞争力。优质资产通常具备高回报率、低风险、可持续增长等特征。为实现资产增值，企业需遵循以下五个策略。

（1）深入研究市场动态。企业应了解行业发展趋势、政策法规变化以及市场需求变化，为企业投资决策提供有力的支持。

（2）挑选优质投资项目。企业应关注具备高增长潜力和低风险的项目，进行科学评估和筛选。

（3）多元化投资组合。通过分散投资降低风险，实现资产的稳健增长。企业应根据自身风险承受能力和投资目标，构建合理的投资组合。

（4）价值创造与管理。在投资优质资产后，企业应关注资产的价值创造与管理。通过有效的运营管理、价值挖掘以及风险控制，确保资产的持续增值。

（5）并购与剥离策略。并购优质资产可以快速提升企业规模和竞争力，而剥离非核心或低效资产则有助于优化资源配置，提高企业整体效益。

资本运作与资产增值模式相互关联、相互促进。资本运作的有效性直接关系到资产的增值潜力。良好的资本运作能够加速资产的流动和增值，为企业创造更大的价值。同时，优质资产为资本运作提供了坚实的基础和支持，使得企业在资金运作过程中更具吸引力，更容易获得外部资源的支持。因此，企业应将资本运作和资产增值模式视为一个有机整体，通过优化资本运作实现资产的持续增值。

3. 段永平模式

段永平是著名的价值投资人，其以独特的投资理念和策略在中国投资界独树一帜。他的投资模式，被广大投资者广泛认可并效仿，被誉为"段永平模式"（见图6-8）。

价值投资	逆向投资	长期持有	确定性原则
段永平主张投资者应关注企业内在价值，通过深入分析企业基本面，寻找被低估的优质企业	段永平告诫投资者应独立思考，避免盲目跟风，并强调在市场悲观时买入，乐观时卖出	段永平主张长期持有优质企业，以获得企业成长带来的收益，同时减少频繁交易的成本和风险	段永平高度重视投资确定性，通过深入研究企业基本面和行业趋势，降低投资的不确定性

图6-8 段永平模式的核心理念

段永平模式的成功实践表明，价值投资具有明显的优势。通过长期持有优质企业，价值投资者（含企业）能够获得所投企业成长带来的收益和价值提升。在价值投资的过程中，投资者应制订合适的资产配置方案，根据自己的风险承受能力和目标进行分散投资,以降低风险。同时,投资者还应通过不断的学习和反思提高自己的投资水平。

段永平模式作为价值投资的实践典范,为投资者(含企业)提供了宝贵的经验和启示。通过深入理解和实践价值投资的理念和方法论,投资者(含企业)能够更好地把握市场机会和抵御风险,实现更好的回报和资产增值。

资本运作和资产增值模式是现代企业发展的重要驱动力。通过科学合理的资本运作和投资优质资产,企业能够实现资产的持续增值和竞争力的提升。在未来的市场竞争中,具备高效资本运作能力和卓越资产增值模式的企业将更具优势。因此,企业应不断创新和完善资本运作策略,提升资产管理水平,以适应不断变化的市场环境并实现可持续发展。

第七章　商业的核心框架是定价权

定价权是企业获取利润的关键。定价权源于企业在效能、供应链品牌和用户生态等方面的竞争力。效能、供应链和用户生态，一切归于定价权的获得和经营的主动权。因此，企业需要不断提升自身在定价权方面的综合实力，以获得更强的定价话语权，实现商业成功。

高品质企业总能守住定价权

在当今竞争激烈的市场环境中，许多企业为了争夺市场份额，不惜采取低价策略。然而，低价策略往往难以持久，因为高品质企业总能够守住定价权。定价权是指企业在市场竞争中，根据自身的成本需求和战略目标，自主决定产品或服务的价格，并获得相应利润的能力，是衡量企业市场地位和盈利能力的重要标志。而这些企业之所以能够守住定价权，是因为他们注重品质、品牌和技术优势，并且通过金融杠杆和资本运作模式不断提升自身实力。

做资本眼中的高品质企业是守住定价权的基础。资本市场的认可对于企业的发展至关重要，而高品质企业往往更容易获得资本市场的青睐。对企业而言，高品质不仅体现在产品和服务的质量上，更体现在企业的经营理念、治理结构、风险控制等方面。只有建立起完善的管理体系和规范的运作机制，才能够确保企业在市场竞争中保持领先地位。为了成为资本眼中的高品质企业，企业需要注重以下五个方面。

（1）建立严格的质量管理体系。质量是企业的生命线，只有不断提高产品和服务的质量，才能赢得消费者的信任和忠诚。首先，企业应制定严格的质量标准和控制程序，确保从原材料采购到生产、销售的各个环节都符合要求。其次，企业还应该建立完善的售后服务体系，及时解决用户的问题和反馈。

（2）加强品牌建设。品牌是企业的无形资产，具有强大的市场号召力和溢价能力。首先，企业应注重品牌形象的塑造和维护，通过广告宣传、公关活动等方式提升品牌的知名度和美誉度。其次，企业应加强品牌创新建设，不断推出新产品和增值服务，以满足消费者的个性化需求。

（3）完善治理结构和管理体系。企业的治理结构和管理体系是企业稳健发展的基础。首先，企业应建立健全的股东会、董事会和监事会等组织机构，明确职责和权力。其次，企业应制定科学的管理制度和工作流程，确保企业各项业务的有序开展和风险的有效控制。

（4）倡导创新和企业家精神。创新是企业发展的动力源泉，企业家精神是企业的灵魂。首先，企业应营造良好的创新氛围和文化，鼓励员工敢于尝试、勇于突破。其次，企业应培养一批具有远见卓识和开拓精神的管理者，从而更好地引领企业发展壮大。

（5）重视社会责任和可持续发展。企业的发展离不开社会的支持与信任。首先，企业应关注社会责任和可持续发展，积极参与公益事业和社会问题的解决。其次，企业应注重环境保护和资源节约利用，以推动企业与社会的和谐发展。

使用金融杠杆可以帮助企业更好地守住定价权。企业使用金融杠杆的目的主要是扩大经营规模和提升盈利能力。高品质企业通常具有较强的信用评级和较低的融资成本,因此更容易获得金融机构的支持。通过合理运用金融杠杆,企业可以迅速扩大市场份额,提升品牌影响力,从而巩固定价权。而获得金融杠杆并非易事,关键在于要有良好的银企关系和资本运作能力,具体包括:

(1)与金融机构建立紧密的合作关系。企业应积极与银行、证券公司等金融机构建立长期稳定的合作关系,共同探讨适合自身发展的融资方案和资本运作策略。通过与金融机构的深度合作,企业可以及时获取市场动态和政策信息,为制订合理的融资计划提供依据。

(2)提升自身信用评级。信用评级是企业获得低成本融资的关键因素之一。企业应加强财务管理和合规经营,确保财务数据的真实性和透明度。此外还应积极参与信用评级机构的评估活动,以争取获得更高的信用评级,降低融资成本。

(3)拓展多元化的融资渠道。除了传统的银行间借贷外,企业还可以考虑发行债券、引入战略投资者、利用股权融资等方式筹集资金。通过拓展多元化的融资渠道,企业可以降低融资风险和提高融资效率。

(4)灵活运用金融衍生工具。金融衍生工具可以帮助企业在风险可控的范围内实现套期保值和风险管理。企业应根据自身业务需求和市场走势灵活运用金融衍生工具进行风险管理操作,以保障企业稳健发展。

资本运作模式创新是守住定价权的保障。资本运作是企业通过并购、重组、股权交易等方式优化资源配置、实现产业升级。高品质企业通常具备较强的资本运作能力,能够通过整合产业链、拓展业务领域等方式提升其自身的竞争力。通过不断创新资本运作模式,企业可以保持持续的竞争优势,从而长期守住定价权。资本运作模式的创新需要企业在并购、重组和股权交易等方面具备丰富的经验和专业的能力,具体做法如下。

(1)深入研究市场和行业动态。并购、重组和股权交易等资本运作活动需要企业在充分了解市场和行业趋势的基础上进行决策。企业应加强对市场和行业的研究与分析，以便更好地把握投资机会和风险点。

（2）组建专业的资本运作团队。资本运作涉及面广、专业性强，要求企业拥有一支具备丰富经验和专业能力的团队进行操作。这支团队必须具备财务、法律、行业等方面的知识和技能，能够为企业提供全方位的资本运作服务。

（3）谨慎评估和选择合作伙伴。在并购、重组和股权交易等活动中，选择合适的合作伙伴至关重要。企业应对潜在的合作伙伴进行全面的尽职调查，了解其业务、财务和法律状况，以确保合作的可行性和长期利益。

（4）灵活运用多种资本运作方式。企业可以根据自身情况和市场环境灵活运用多种资本运作方式，如资产注入、股权置换、定向增发等。通过不断创新资本运作模式，企业可以优化资源配置、提升资产质量，从而巩固定价权。

（5）建立健全风险控制体系。资本运作涉及的风险多种多样，如市场风险、法律风险、财务风险等。企业应建立健全风险控制体系，对各类可能出现的风险进行充分评估和预警，以确保资本运作的安全和稳定。

综上所述，做高品质企业、获得金融杠杆和资本运作模式创新是企业守住定价权的重要途径。通过不断提升自身品质、加强金融杠杆运用和资本运作模式创新，企业可以巩固定价权，实现可持续发展。在未来的市场竞争中，只有具备这些核心竞争力的企业才能真正赢得定价权，获得高利润。

定价权是模式之外的苦功夫

在家电市场竞争日趋白热化之际，我依然坚持我的观点：无论对于什么样的企业，定价权从来不是依靠强制力量或者"插位"而所能取得的。在我看来，很多所谓的管理学者过于乐观地估计了模式的价值。尽管他们摆出一副掷地有声的样子宣称：通过模式创新，一个企业可以获得该行业的定价权，颠覆该行业。但事实远非如此。

我的观点是，定价权从来都是模式之外的苦功夫。无论是品牌、技术还是资金，对于一个企业而言，都是基础能力。这些基础能力的有无和强弱，决定了企业在市场竞争中的地位。而所谓的高价值产品和服务，不过是这些基础能力的集中体现。因此，我们看到，那些拥有强大基础能力的企业，总是能够提供高价值的产品和服务。而那些基础能力较弱的企业，即使通过模式创新，也很难提供高价值的产品和服务。因为模式本身并不能创造价值，只有当模式与企业的基础能力相结合时，才能真正发挥出其应有的作用。

那么，什么是基础能力呢？我认为，基础能力是一个企业在市场竞争中所必须具备的能力，具体包括品牌、技术、资金、渠道、人才等。这些能力的大小和强弱，决定了企业在市场中的地位和竞争力。只有当企业具备了这些基础能力时，才能提供真正的高价值产品和服务。

举例来说，品牌是企业的脸面。一个没有品牌的企业就像是一个没有脸面的人一样，很难被别人认识和信任。而品牌的价值，不仅在于它能够让消费者记住自己的名字，更重要的是它能够让消费者对自己产生信任和忠诚。因此，一个拥有强大品牌的企业，总是能够通过提高产品的附加值来获得更高的利润。而那些没有品牌的企业，即使进行低价销售，也很难获得消费者的认可和信任。

除了品牌，技术也是企业在市场竞争中所必须具备的基础能力之一。一个拥有先进技术的企业，总是能够通过创新来获得更多的竞争优势。而那些缺乏技术的企业，则往往只能跟在别人的后面"捡剩饭吃"。因此，对于一个企业而言，不断进行技术研发和创新是非常重要的。

介绍了品牌和技术这两个基础能力后，资金、渠道、人才等基础能力就不重要了，但它们在企业的市场竞争中所起的作用也同样重要。因此，一个企业要想在市场竞争中获得定价权和竞争优势，就必须不断地提升自己的基础能力。对于企业而言，只有当自己的基础能力足够强大时，才能提供真正的高价值产品和服务。那么，作为企业，如何提升自己的基础能力呢？我认为有以下四点值得借鉴。

（1）长期投资，积累优势。任何一个企业都不可能一夜之间拥有强大的基础能力，强大基础能力的获得往往需要长时间的积累和投入。例如，华为公司能在通信设备领域取得领先地位，是因为在过去的几十年中其一直坚持在这个领域进行长期投资和技术积累。可见，企业要想提升自己的基础能力，就必须有长期投资的眼光和决心，这样才能获得更大的竞争优势和市场份额。

（2）持续创新，保持领先。一个企业要想保持领先地位和竞争优势，就必须不断进行创新和改进。例如，苹果公司能成为全球最具价值的品牌之一，就是因为其不间断地推出具有影响力的产品和创新服务。因此，企业要想提升自己的基础能力并保持领先地位，就必须不断地进行创新和改进，使自己的产品和服务更具有竞争力和附加值。

（3）整合资源，形成合力。企业的基础能力并不是单一和孤立的，而是由多种能力所组成的综合能力。因此，一个企业要想提升自己的基础能力并形成竞争优势，就必须善于整合各种资源并形成合力。例如，谷歌公司能在搜索引擎领域获得巨大的市场份额，就是因为其成功地整合了互联网上的各种资源并为用户提供了更加精准、高效的服务体验。可见整合各种资源并形成合力对于提升企业竞争力的重要性。

（4）聚焦核心，形成专业。企业的基础能力并不是大而全的能力，而是需要聚焦核心并形成专业的能力。例如，亚马逊公司能在电商领域成为头部，就是其一直坚持聚焦于核心业务，且不断提升自己的专业能力与服务水平所致。因此，企业聚焦核心并形成专业能力非常重要，但这需要企业通过制定具有长期性和策略性的战略规划，来实现自身快速且稳定的成长作为前提。

综上所述，不难看出，对于任何一个企业而言，提升自身基础能力，提供高价值产品及服务是获得定价权的关键。因此，不具备强大的基础能力，不能提供高价值产品及服务的企业，将在未来的市场竞争中处于劣势，从而无法获得定价权，甚至面临被淘汰的风险。

总之，定价权从来都是模式之外的苦功夫。企业要想获得定价权和竞争优势，就必须不断地提升自身的基础能力，提供高价值产品及服务，如此才能实现自身的长期发展和成功。

基于生态的定价权模式设计

生态圈是指在特定领域内，由相关的组织、企业、个人等形成的经济共同体。强调成员间的互利共生、资源共享和协同发展，以实现整体竞争优势和持续价值创造。

生态圈的建设有助于企业获得定价权，可以体现为三点：①生态圈能够集合多方资源，降低成本，提高效率，为企业提供有力的成本支撑，使得企业在定价时有更大的空间。②生态圈能够增强企业的市场影响力。生态圈中的企业通过与各方合作，可以实现快速的市场扩张和品牌提升，从而提高市场占有率，为定价权的获得提供保障。③生态圈的协同创新效应有助于企业引领行业发展和技术进步，从而在定价时拥有更多的话语权。

基于生态的定价权模式设计原则有四项：①价值共创原则：将生态圈

视为一个价值共创的平台，注重各方的利益诉求和价值贡献，通过合理的定价机制实现价值的公平分配。②互利共赢原则：强调生态圈成员间的互利合作关系，通过提供互补性资源和能力，降低成本，提高效率，实现共赢。③动态调整原则：由于市场环境和各方参与程度的变化，定价策略应保持灵活性，适时调整以维护各方利益和生态平衡。④竞争导向原则：关注行业竞争对手的动态和市场趋势，以确保定价策略具有竞争优势和市场适应性。

基于生态的定价权模式设计，要求企业在追求短期利益的同时，注重生态圈的长期稳定发展和可持续的价值创造。那么，基于生态的定价权模式设计分为几步呢？

第1步：明确战略目标——企业在构建生态圈时，应根据自身资源和能力状况，制定清晰的战略目标，包括对市场定位、竞争优势和可持续发展的考量。

第2步：分析市场环境——对目标市场进行深入调研，了解消费者需求、竞争对手态势以及政策法规等因素，为定价策略提供依据。

第3步：评估资源能力——评估企业在生态圈中的资源禀赋和能力状况，明确自身的优势和短板，以便在定价中发挥优势，弥补不足。

第4步：设计定价机制——根据战略目标、市场环境和资源能力等因素，设计合理的定价机制，包括价格水平、折扣政策、捆绑销售等策略。

第5步：建立反馈机制——在实施定价策略过程中，建立有效的反馈机制，及时收集市场反应和各方意见，对定价策略进行动态调整。

第6步：持续优化改进——定期对定价策略进行评估和优化，以适应市场变化和生态圈的发展。通过不断改进和创新，提升企业的定价权和市场地位。

在生态圈中，企业应注重提升自身的核心能力和关键资源，以确保在定价策略中的话语权和自主权。通过与生态圈中的合作伙伴建立稳固的关系，实现资源共享和优势互补，增强整体竞争力。

企业必须加大对人才的培养和引进力度，建立专业化的定价团队，为企业的定价策略提供智力支持。培养企业文化中的合作共赢理念，鼓励员工积极参与生态圈建设和定价策略制定过程，提高整体执行力。

在制定定价策略时，应遵守相关法律法规和伦理道德规范，避免因违规行为导致的法律风险和市场信任危机。

在实施定价策略过程中，应保持风险意识，对可能出现的风险进行充分评估和预警，并制定应对措施。

对生态圈建设和定价策略实施过程进行持续跟踪和评价。通过及时反馈机制，不断完善和优化相关措施以确保实施效果符合预期目标。

因此，基于生态的定价权模式设计是一个系统性的工程，需要企业在明确战略目标的基础上，深入分析市场环境和自身资源能力。通过建立合理的定价机制和持续优化改进，获得并提升定价权，来最终实现企业盈利和市场占有率的提高。

通过与生态圈成员的协同发展，企业不仅能够降低成本、提高效率，还能增强市场影响力，从而在定价过程中获得更大的话语权。未来，随着经济全球化和产业互联网的发展，生态圈将成为企业竞争的重要战场，而基于生态的定价权模式也将在实践中不断得到完善和发展。

当然，企业在实施基于生态的定价权模式时，需要克服一些挑战，如利益协调、合作信任、技术共享等问题。因此，企业需要具备高度的战略眼光和卓越的执行力，来推动生态圈的健康发展并获得持续的竞争优势。

总之，通过精心设计定价策略，积极参与生态圈建设，不断进行内外部资源的整合与优化，企业将有望在激烈的市场竞争中获得更多的定价权，从而实现可持续发展和长期的价值创造。

一流的商业模式带来资产定价权

当探讨一流的商业模式时,我们是在分析一个企业的内在逻辑、它的盈利路径,以及它如何与市场、消费者和竞争者互动。更重要的是,我们希望找到那种能持续创造价值的模式,从而使企业获得更高的市场地位和定价权。本节将深入探讨一流商业模式的精髓以及它是如何通过几十倍放大估值,为未来资本创造无限想象力的。全世界最精髓的运作模式在这里,全球顶级企业的商业模式集中于此,国内很多企业不敢做甚至不敢想。我们深入探讨,就是要帮助我国广大企业打破思维桎梏,成功接收并实践一流的商业模式。

一流的商业模式并不仅仅是高利润或快速的增长,而是能够持续地创造价值。这种价值也不只是经济上的,还包括社会、环境等方面的价值。世界顶级企业的成功说明,一流的商业模式不仅创造了巨大的经济价值,还改变了人们的生活方式,引领了科技创新的潮流。

1. 一流商业模式的精髓:放大估值效应

在资本市场上,企业的价值通常由其未来的盈利能力、现金流、市场前景等多个因素决定。而一流的商业模式,其精髓在于能够显著提高企业的核心竞争力,从而在未来获得更高的收益和增长潜力。这种潜力的释放,表现在资本市场上为估值的几十倍放大。

以互联网企业为例,许多企业在经历初创阶段后,其估值之所以在短时间内就实现了数十倍的增长,正是因为它们采用了一流的商业模式,并突出了该模式的精髓,使企业获得了强大的网络效应和规模优势,在市场竞争中占据了主导地位。那么,对于通过使用一流商业模式获得成功的企业而言,其又是如何体现一流商业模式的精髓的呢?

(1)突破传统框架。当大多数企业还在依赖传统的商业模式时,采用一流商业模式的企业已经突破了这种框架,创造了新的价值增长点。例如,特斯拉通过电动汽车重新定义了汽车产业,同时也引领了能源和技术的革新。

(2)长期视角。一流模式不仅关注短期利润,更注重长期价值和影响力。这种长期视角使得企业愿意投资于创新、品牌建设和社会责任,从而获得更高的市场认可度和定价权。

(3)强大的生态系统。一流的商业模式往往构建了一个强大的生态系统,使得企业能够更好地整合内外部资源,提高效率,降低成本。例如,阿里巴巴的电商生态系统不仅提升了自身的竞争力,还带动了整个产业链的发展。

(4)资本想象力。一个成功的商业模式不仅能为企业创造经济价值,还能为未来的资本创造想象力。经营者、投资者、分析师和消费者都能看到这种模式的巨大潜力,从而赋予企业更高的估值。

一流的商业模式不仅带来了企业当前估值的放大,更重要的是为企业的未来发展打开了无限的可能。在技术快速迭代、商业模式不断创新的时代背景下,实践了一流商业模式的企业凭借其前瞻性的战略布局和持续的创新精神,不断地颠覆行业规则,创造新的增长点。这使得投资者对于这些企业的未来充满了期待,资本的想象力被极大地激发。而这种想象力,正是推动企业持续成长、提升估值的重要动力。

2. 实现一流的商业模式:聚焦核心竞争力与持续创新

对于希望通过模式创新来获取资产定价权的企业而言,关键在于聚焦自身的核心竞争力，并在此基础上进行持续的创新。核心竞争力是企业长期竞争优势的来源，而创新则是确保企业在激烈的市场竞争中获得优势的关键。

首先，企业需要对自身的核心竞争力有一个清晰的认识，这涉及对市场需求的深入挖掘、对行业趋势的敏锐洞察以及对自身优势的准确定位。只有明确了核心竞争力，企业才能有针对性地制定发展策略，实现资源的高效配置。

在此基础上，企业需要不断进行创新，包括产品创新、服务创新、组织创新等多个方面。通过创新，企业能够不断推出满足市场需求的新产品和服务，提升用户体验，巩固和扩大市场份额。同时，创新还能为企业带来技术壁垒和品牌优势，增强其抵御风险的能力。

此外，企业还必须注重培养人才队伍，一流的人才队伍是企业实现持续创新和发展的关键。企业应建立健全人才培养机制，激发员工的创造力和潜力，为企业的长期发展提供源源不断的人才支持。

3.拥抱一流的商业模式：获得资产定价权

资产定价权是指企业在市场中拥有对资产价格的制定和调整的权力。拥有资产定价权的企业可以在市场上占据主动地位，实现更高的利润率和市场份额。那么一流的商业模式又是如何带来资产定价权的呢？（见图7-1）

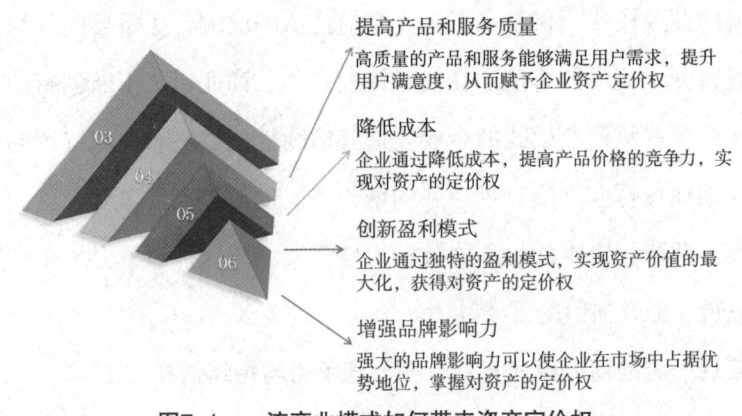

提高产品和服务质量
高质量的产品和服务能够满足用户需求，提升用户满意度，从而赋予企业资产定价权

降低成本
企业通过降低成本，提高产品价格的竞争力，实现对资产的定价权

创新盈利模式
企业通过独特的盈利模式，实现资产价值的最大化，获得对资产的定价权

增强品牌影响力
强大的品牌影响力可以使企业在市场中占据优势地位，掌握对资产的定价权

图7-1　一流商业模式如何带来资产定价权

一流的商业模式能够带来资产定价权,因此要好好维护和巩固一流的商业模式。通常来说,可以通过以下四个方面来达到目的。

(1)坚持创新。企业要不断追求创新,勇攀科技高峰,开发出具有竞争力的新产品和服务,加固一流商业模式。

(2)注重人才培养。企业要注重人才培养,打造高素质专业团队,维护一流商业模式。

(3)深化战略合作。企业要积极寻求与其他企业的战略合作,实现资源整合和优势互补,构建更广泛的一流商业模式。

(4)持续优化管理。企业要不断优化管理,提高运营效率,降低运营成本,提高产品质量,进一步维护一流商业模式。

总之,在激烈的市场竞争中,拥有资产定价权的企业才能脱颖而出,成为行业的领导者。在未来的发展中,我们期待看到更多的中国企业凭借一流的商业模式在全球范围内崭露头角,为投资者带来丰厚的回报,同时也为整个社会的经济发展做出更大的贡献。这不仅是中国资本市场的幸事,更是整个世界经济的福音。

定价权是商业模式可持续有效的基本保障

在当今的市场竞争中,定价权已经成为企业持续发展与盈利的关键要素。尤其在许多行业,价格竞争日趋激烈,如何获得并维持定价权已成为企业必须面对的重要问题。事实上,定价权不仅关乎企业的利润,更是其模式可持续有效的基本保障。本节将结合具体案例,探讨这一观点的深层次内涵。

我们已经知道，定价权是企业在市场竞争中制定价格的能力，即企业可以根据市场需求、成本等因素自主设定产品的销售价格，并能在一定时间内保持价格的稳定。当企业拥有定价权时，其产品或服务能够在市场中获得较高的利润，从而保证企业的可持续发展。

2023年"双11"期间最热闹的事情是什么？一定不是"双11"又卖了多少钱，因为大家已经对这个销售额基本"免疫"了，最夺人眼球的是某头部主播与某平台之间展开的"全网最低价"的心智争夺战。

整件事情可以概括一下：2023年"双11"大促销，某平台想要借助"真低价"抢占"全网最低价"的心智，因此作为平台方没有经过品牌方的同意便下调了某品牌烤箱售价。品牌方以"受害者"的身份要求某平台作出解释，并恢复正常价格，得到的回应是"平台自掏腰包帮你便宜卖更多烤箱，但某头部主播不同意"。自此，某平台与某品牌的对战，演化为了平台与该头部主播的商战。某平台称是该头部主播逼迫商家"二选一"，并认为某品牌之所以和平台闹翻，是因为其与该头部主播签署了所谓的"低价协议"，并涉及巨赔偿违约金。

在这个过程中，另一位头部主播也入场参战，声称与平台对战的这位头部主播控价、控库存，导致自己直播间的在售商品被下架。这位头部主播的说法，被认为是从旁助力了平台的说法，使得平台与品牌方的价格之争演变成了平台与那位头部主播之间的战争，商家与平台的利益纠葛反而成了副本。而陷入旋涡中的那位头部主播所在的公司，对于"二选一""底价协议"以及"定价权归属自己直播间"等说法予以了紧急否认。

在这场涉及平台、品牌方、头部主播三方的混战中，各方都叫嚣自己有理，但其实各方都有自己的小算盘：平台需要借低价稳住基本盘，品牌方希望在大促中不亏本卖货，头部主播则意在稳住"直播间最低价"的心智。

到底是谁在撒谎？消费者真的能受益吗？商战从来不在乎过程中的是

非。某平台借着这波流量话题，明晃晃地炒起了"价低（×××主播）直播间"。

从某平台毫不犹豫地朝商家开枪，然后将枪口瞄准头部主播的举动可以看出，某平台和该头部主播打的绝对不是一场简单的低价大战，而是要借助价格战争夺定价权。将视线抬高一些，争夺的核心是传统自营电商和超级主播电商赛道的渠道控制力之争。再将视线抬高一些，就会发现是传统自营电商和直播电商的权力更替之争。

某平台已经明显感觉到了头部主播及其所在直播电商赛道对用户心智的超强控制力，这是巨大的危机。但平台也有其优势，即平台已经彻底超越了生存阶段，拥有推动变革所需的资源，平台不惧低价，因为"低价是刻在平台骨子里的基因"，通过模式设计获得定价权才能维持战略投入。

"多、快、好、省"四字策略的不同排列组合，投射的是某平台经营模式的转变。以前某平台"快"和"好"是排在前面的两个关键字，该时期以履约能力（快递物流）为核心的服务能力和购物体验建设堪称独步天下，也在消费者心中埋下了极深的认知。后来，某平台定下了"全面回归低价"策略，"多"和"省"被摆在了前面的位置。锚定低价、更大力度引流等策略的实施，被看成某平台在"回归祖制"，实则也是破而后立。但随之而来的是某平台是否适合单纯的"低价策略"的质疑，面对直播电商中头部主播们对"全网最低价"的挑战，某平台必须应战，而争夺定价权就是低价模式可持续有效的基本保障。

虽然某平台要让低价再次回归，但若是采取普遍低价，那么消费者的感知将是混沌的。如何在这场直播电商参与的价格战中打出差异化，真正吸引消费者并刺激他们下单购买，某平台手上最重要的牌还是商业模式设计。

对于此类电商平台，其商业模式不单指企业的运营模式，更包括产品开发、市场营销、供应链管理等多个方面。一个好的商业模式设计能够让企业在市场竞争中获得优势,从而实现更高的定价。而定价权的获得又能为企业带来更多的利润,使其能够有更多的资源投入到商业模式的持续优化和改进中,如战略规划、新产品研发、市场开拓等关键领域。这样,企业的战略目标才能得以实现,其市场地位也才能更加稳固。这就是商业"模式设计获得定价权才能维持战略投入"的关键原因。

当企业拥有定价权时,其利润和市场份额都能得到保障,也为企业进一步推动变革提供了所需的资源。这些资源可以用于引入新技术、开发新产品、培养人才等关键领域,从而为企业带来更多的竞争优势。而只有当企业有足够的资源支持时,其变革才能得到有效的推动。

综上所述,我们看到定价权在企业的持续发展中起到了至关重要的作用。从模式设计的角度来看,获得定价权是企业实现可持续发展的关键因素。为了获得定价权,企业需要不断优化和创新其运营模式,并在市场竞争中找到自己的独特定位。

总之,企业的可持续发展离不开定价权的获得与维护,而要获得定价权,又需要企业在商业模式设计上进行不断的优化和创新。同时,企业还需要不断推动变革,增加战略投入,设计出真正好的商业模式。这对于当今的企业而言,既是挑战,也是机遇。唯有如此,企业才能够在实现更高利润的同时,为其未来发展奠定坚实的基础。

下篇

高利润商业模式的未来和内控管理

第八章　高利润模式带来优质价值链

高利润模式注重创新和差异化,通过提供独特的产品或服务,来获取高额利润。这种策略激发了企业不断改进和优化产品或服务,并促使价值链中的各个环节保持高效率和高质量,从而提升整个价值链的品质。

高利润才能支撑利益相关者协同模式

在当今企业界,利益相关者协同模式已经成为一种趋势。这种模式强调企业与利益相关者之间的合作与共赢,共同创造更大的商业价值。然而,要实现这一模式并使其可持续发展,企业需要具备足够的利润空间。

首先,高利润能够为企业提供更多的资源和投资机会。在利益相关者协同模式中,企业需要与各利益相关者共同投入资源,推动业务发展。高利润能够为企业提供更多的资金和资源,使其更有能力进行投资和合作。在市场竞争日益激烈的今天,拥有足够的资源和投资机会是企业持续发展的重要保障。

其次,高利润能够吸引和留住优秀的利益相关者。在利益相关者协同模式中,各利益相关者之间是相互合作、相互依赖的关系。优秀的利益相关者能够为企业带来更多的资源和价值,推动企业的发展。而高利润能够吸引和留住优秀的利益相关者,因为他们知道这样的企业更有前途和吸引力。同时，高利润还能让企业更好地满足利益相关者的需求和期望，增强彼此之间的信任与合作。

此外，高利润还能够让企业更好地应对市场变化和风险。在市场竞争中，企业面临着各种不确定性和风险，而高利润能够为企业提供更多的缓冲和应对策略，帮助企业化解风险、抓住机遇。同时，高利润还能够让企业更加注重品牌形象和社会责任，提升企业的长期竞争力。

以华为收购赛力斯为例，这一收购事件引发了业界的广泛关注。华为作为一家技术领先的企业，收购赛力斯之后可以更好地拓展其业务领域和市场空间。而赛力斯则可以借助华为的技术和资源优势，提升自身的产品和技术水平，进一步巩固和扩大市场份额。这种协同模式的前提是双方都有足够的利润空间来支撑自己实现可持续发展。如果双方都处于微利状态，那么这种协同模式就很难实现。

华为收购赛力斯之后，员工工资翻了几倍。通常这种工资翻几倍的情况，只出现在企业高速发展和盈利能力大幅提升的阶段。华为拥有强大的研发实力、创新能力和盈利能力，在收购赛力斯后，华为的高利润可以支撑其将更多的资源投入赛力斯的研发和生产中，进一步提升赛力斯的产品和技术水平。这种投入的增加会导致对员工技能和知识水平要求的提高，从而使得员工的薪资水平相应提高。

当然，企业在追求高利润的同时也要注重平衡各方的利益关系。企业应该通过合法、合规的经营方式来获取利润，同时也要关注社会责任和未来发展。只有这样，企业才能真正实现长期可持续发展，成为各利益相关者的共同选择。

综上所述，高利润对于实现利益相关者协同模式至关重要。只有具备足够的利润空间，企业才能更好地与各利益相关者合作共赢、共同发展。因此，企业应该注重提高自身的盈利能力和核心竞争力，为实现利益相关者协同模式打下坚实的基础。

维系高效供应链就靠定价权

如何确保供应链的高效运作，对于企业的生存和发展来说至关重要。高效供应链能够在满足客户需求的同时，降低运营成本，提升竞争力，从而使企业获得更大的利润空间。要实现这一目标，企业就必须要掌握一定的定价权，通过合理的定价来维系供应链的稳定和高效。

首先，企业要明确自身的市场定位和战略目标。不同的市场定位和战略目标，会导致企业采取不同的定价策略。例如，追求市场份额的企业，更倾向于采用低价策略；追求利润的企业，则更倾向于采用高价策略。

其次，企业需要深入了解市场需求和竞争态势。只有掌握了市场需求和竞争情况，企业才能制定出更具针对性的定价策略。例如，在市场需求旺盛的时期，企业可以适当提高产品价格；在市场竞争激烈的情况下，企业可以采取价格战等手段来抢占市场份额。

最后，企业需要建立完善的供应链管理体系。供应链管理体系的完善程度，直接影响到企业的定价策略和物品供应的稳定性。企业需要从供应商的选择、采购、生产、物流等各个环节入手，建立科学的管理制度和流程，确保供应链的高效运作。同时，企业还需要加强与供应商、客户的沟通和协作，建立稳定的合作关系，以降低供应链风险。

在供应链管理中，定价权是一种重要的战略资源。通过合理运用定价权，企业可以有效维系供应链的稳定和高效。具体来说，在维系好供应链方面，企业可以通过以下三个方面来发挥定价权的作用。

（1）优化采购成本。通过合理运用定价权，企业可以优化采购成本，提高采购效率。例如，企业可以根据市场行情和自身需求，与供应商制定合理的价格策略，确保采购成本最低化。同时，企业还可以通过与供应商建立长期合作关系、共同研发新产品等方式，降低采购成本。

（2）稳定销售价格。通过合理运用定价权，企业可以稳定销售价格，避免因价格波动带来的损失。例如，在市场需求旺盛的时期，企业可以适当提高产品价格，来获取更高的利润；在市场竞争激烈的情况下，企业可以采取价格战等手段来增加销量，但同时也要注意价格的合理性和稳定性。

（3）促进供应链协同。供应链协同是企业与供应商、用户等合作伙伴之间的协同合作。通过合理运用定价权，企业可以促进供应链协同，提高整个供应链的效率。例如，企业可以根据供应商和用户的实际情况，制定出合理的价格策略，建立稳定的合作关系。同时，企业还可以通过价格激励等方式，鼓励供应商提高自身的管理水平和生产效率；增强用户的黏性和忠诚度。

除此之外，要想借助对定价权的合理运用来实现供应链的高效运作，企业还需要进行不断的创新和高投入来达到目的。

创新是推动供应链高效运作的关键因素。通过引入新技术、优化流程等方式，企业可以提升供应链的响应速度，降低运营成本。但创新并不容易，它需要大量的资源投入，包括研发、人力、设备等。因此，企业必须进行高投入，来确保创新的持续进行。

在这个过程中，定价权成了平衡各方利益、分摊成本的工具。通过合理的定价策略，企业可以确保创新活动的投入得到合理的回报，同时也能引导供应链中的其他成员共同参与创新，分担风险和成本。

此外，高投入并不意味着盲目花费，因此企业需要对投入进行科学的管理和评估，确保其是真正用于提高供应链效率的创新活动中。这需要企业具备敏锐的市场洞察力和风险评估能力，能够准确判断哪些创新是有价值的，能够真正提高供应链的效率。高效供应链需要持续创新活动的支撑，而持续高品质的创新活动需要高投入。因此，企业在创新过程中必须进行科学的管理和控制，以确保高投入能够实现高产出。总而言之，企业要充分发挥定价权的优势，不断关注市场变化和供应链动态，及时调整定价策略，以保持供应链的高效和稳定。

不要剥削伙伴，要庇护伙伴

传统商业世界里似乎充斥着一种观念：企业与企业之间是一种剥削与被剥削的关系。这种观念在一定程度上导致了企业与企业之间的关系紧张，甚至破坏了整个商业生态的平衡。然而，在当今这个全球化和信息化的时代，商业成功的关键已经不再是单纯地追求利润最大化，而是如何建立和维护一个健康、稳定的商业生态系统。在这个系统中，企业与其战略伙伴不再是零和博弈的关系，而是应当通过共享价值，实现共同成长。苹果公司的成功经验，就是一个很好的例证。

苹果公司的高利润并不是来自对战略伙伴的剥削，而是来自对共同价值的提升。苹果没有简单地将自己的利润最大化建立在牺牲伙伴利益的基础上，而是选择了与伙伴共同成长。苹果深知，要想在激烈的市场竞争中长期挺立，就必须创造一个能够持续提供优质产品和服务的生态系统。在这个生态系统中，每个环节都有其独特的价值和作用，它们相互依存、相互促进，共同推动整个系统的良性发展。苹果通过为供应链企业提供技术支持、管理培训和资本运作等方面的帮助，提升了这些企业的核心竞争力，同时也为苹果自身的发展提供了有力保障。

在传统的商业观念中，企业与战略伙伴之间的关系往往是建立在一种不对等的关系上，即企业从伙伴那里获取低成本资源，而伙伴则依赖于企业获得订单和利润。这种关系看似互利，实则隐藏着巨大的风险。一旦企业或战略伙伴出现问题，整个供应链就可能面临崩溃的风险。

因此，在商业合作中，关系的对等性是非常重要的。一个健康、平等、互利的合作关系，应当能让所有参与者都从中受益。

苹果所倡导的共同价值提升理念，恰恰是为了打破那种不对等的关系，建立一种更加健康、稳定的商业生态系统。在这个生态系统中，企业与伙伴之间的关系不再是单纯的资源交换或订单获取，而是一种基于共同成长的合作关系。具体来说，苹果通过以下三个方面来实现与战略伙伴的共同价值的提升。

（1）技术支持。苹果为供应链企业提供技术支持，不仅包括硬件和软件方面的协助，还包括生产流程和管理方法的改进。通过这种合作方式，供应链企业的生产效率和产品质量得到了提高，同时也为苹果公司提供了更加稳定、优质的产品和服务。

（2）管理培训。苹果为供应链企业提供管理培训，既涵盖了企业运营的各个方面，如财务管理、人力资源管理、物流管理等，也注重培养供应链企业的战略规划和创新能力。通过这种培训，供应链企业的管理水平和运营效率得到了提高，同时也为苹果提供了更加高效、协同的供应链系统。

（3）资本运作。苹果不仅为供应链企业提供资金支持，还通过投资、入股等方式与供应链企业建立更加紧密的合作关系。这种资本运作有助于解决供应链企业的资金问题，促进整个商业生态的协同发展。

正是由于苹果注重与战略伙伴的共同价值的提升，才使得整个价值链都获得了高利润。这并不是说苹果直接给供应链企业金钱，而是通过上述方式提升了供应链企业的核心竞争力和市场价值。这些企业上市后市值翻十倍的模式证明了苹果理念的正确性：只有通过共享价值、共同成长，才能实现商业生态的长期繁荣和稳定发展。

苹果的成功经验告诉我们，商业成功不再单纯地取决于企业自身的实力和能力，更取决于整个商业生态的健康和稳定。只有摒弃传统的零和博弈思维，坚持与战略伙伴共同成长的理念，才能真正实现商业的长远发展和社会价值的提升。这是值得所有企业管理者深思和借鉴的重要启示。

顺势而为的原创模式成就造势者

在过去，中国市场的竞争主要集中在价格和规模上，缺乏对创新和独特商业模式的追求。许多企业为了追求短期利益，忽视了长期发展的需要，导致在全球市场竞争中缺乏核心竞争力。然而，随着经济全球化和技术创新的不断加速，消费者对于原创能力的需求越来越迫切，因此，企业需要从消费者需求出发，通过原创能力和原创能力模式设计实现破局。

原创能力和模式设计要求企业要有对市场趋势的敏锐洞察力和对消费者需求的深入理解，并且有足够的灵活性和可持续性能够适应市场变化和未来的发展趋势。因此企业必须紧跟时代潮流，善于利用机会，通过深入观察和了解市场来获得原创能力，并创建相应的创新模式，以在市场竞争中占据优势。

董宇辉，一个曾经默默无闻的小伙子，因为一次偶然的机会，开始在网上分享自己的生活和感悟。他独特的视角、幽默的语言和真实的情感赢得了众多网友的喜爱和关注。随着粉丝数量的不断增加，董宇辉逐渐成为网络红人。他不仅在社交媒体上拥有庞大的粉丝群体，还获得了商业代言和合作机会。那么，董宇辉的成功秘诀是什么呢？

首先，董宇辉的成功离不开他敏锐地抓住了互联网发展的机遇。互联网普及和社交媒体兴起后，越来越多的人开始在网络上展示自己的才华和个性。董宇辉敏锐地意识到了这一点，开始在网络上分享自己的生活和感悟。他的内容独特、有趣、真实，符合年轻人的审美和价值观，因此迅速赢得了众多网友的喜爱和关注。

其次，董宇辉的原创能力也是他成功的关键。信息爆炸的时代，如何让自己的内容脱颖而出成为成功的关键。董宇辉凭借自己的才华和创意，不断地推出有趣、有启发性的内容，吸引了越来越多的关注。他的原创能力不仅体现在内容创作上，还体现在他独特的语言表达方式上，形成了他独特的风格和魅力。

可见，除了抓住机遇，董宇辉的成功离不开他顺势而为的原创商业模式。在成为网络红人后，董宇辉敏锐地发现了商业机会，开始与头部品牌合作，开展线上直播等。这些商业模式的成功运作进一步提升了他的知名度和影响力，形成了良性循环。同时，董宇辉还注重与粉丝的互动和沟通，通过线上活动、社交媒体等方式保持与粉丝的紧密联系，增强了粉丝的忠诚度和参与度。

通过分析董宇辉的案例，可以看到原创模式在当今时代的重要性。不仅企业领导者要具备一流的领导能力和推行原创模式的能力，企业员工的创意和创新能力也需要鼓励和发展，让企业成为整体性造势者。

企业必须紧跟时代潮流和市场需求的变化，灵活调整自身的商业模式和战略方向。例如，开展线上直播销售、O2O线上线下一体化等商业模式创新，提升用户体验和服务水平；通过合作共赢的方式与其他企业和组织共同打造生态系统；注重社会责任和可持续发展等。

顺势而为的思维模式还需要具备冒险精神和勇于尝试的勇气。在追求成功的过程中，不可避免地会遇到各种风险和挑战。只有敢于冒险、勇于尝试的人，才能在不断的探索和创新中取得突破。

总之，要运用好顺势而为的原创模式成就造势者，必须紧跟时代潮流，敏锐洞察市场趋势，发挥原创能力，注重团队合作，勇于尝试创新，同时具备开放合作的态度和共赢的精神。只有这样，才能在这个瞬息万变的时代取得成功，实现个人和企业的持续发展。

造势者都是一张利益共享的组织网络

在商业社会中，企业的发展和成功往往离不开"造势"。通过各种方式打造自己的品牌、提高知名度、赢得市场份额，是企业发展不可或缺的一环。而在这一过程中，构建一个利益共享的组织网络，让各个利益相关者都能从中获得回报，成为实现持续发展的关键。

利益共享的组织网络是一个相对松散但结构化的群体，成员之间因为共同的目标或利益而聚集在一起。这种网络不同于传统的层级结构，其成员之间的关系更为平等，信息流动更为自由。在网络中，成员可以自由地分享资源、知识和经验，通过协作实现共同的目标。

利益共享的组织网络可以在企业外部形成，也可以在企业内部形成。在传统的企业管理认知中，企业内部是有绝对层级性的，所谓在企业内部形成利益共享也不是不可能，但一定是建立在向下管理的"伪共享"上。也就是说，很多企业内部的氛围不错，员工也明白多劳多得、少劳少得，管理者也知道上下团结、形成合力，因此提升了员工的工作积极性。但这种提升是临时性的和浅层次的，员工与公司虽然利益相关联，但却并未真正做到利益共享，因为劳资双方都是在借助对方的努力提升己方的收益。

在外部形成利益共享的组织网络相对容易些，毕竟企业与供应商、合作伙伴之间存在着利益相关性的互动关系。但彼此间的竞争关系仍占主导地位，合作中稍有机会，本是合作的双方就可能推翻合作或相互"背叛"。

无论是企业内部的"伪共享"，还是企业外部的"真背叛"，参与方的目的都是让己方的利益最大化，因而不惜牺牲对方的利益。这种情况注定无法产生优质价值链，也就无法为企业带来高利润的收益模式。

很多企业管理者或管理学者都在想办法寻求解决之道，但很多人认为这是涉及人性根本的问题，根本就不可能有答案。就在业界对还能否打造出有利于各方的利益共享的组织网络产生悲观情绪之际，有的企业却迎难而上，凭借打造优质价值链的决心，硬是从"不可能"中走出了一条可能之路，建造起了一张利益共享的组织网络，企业也因此成为时代的造势者。

胖东来是一家在河南省许昌市经营的商业零售企业，自1997年成立以来，其通过独特的价值共享和文化管理模式，逐渐发展成为一家拥有众多员工和广泛市场份额的企业。胖东来的成功，不仅在于其经营的商品和提供的服务，更在于其建立了一张利益共享的组织网络，将员工、顾客、供应商等各个利益相关者紧密地联系在一起。

在胖东来的价值共享模式中，员工是公司最重要的财富。公司通过提供良好的福利待遇、培训机会和晋升空间，激发员工的积极性和创造力。同时，胖东来还推行全员持股计划，让员工成为公司的股东，共享公司的发展成果。这种价值共享模式不仅提高了员工的工作满意度和忠诚度，还进一步提升了企业的凝聚力和竞争力。

除了员工，胖东来还非常注重与供应商建立良好的合作关系。胖东来采用公平、公正、透明的采购政策，与供应商共同成长，实现了互利共赢。这种合作模式不仅保证了商品的品质和供应的稳定性，还降低了采购成本，为胖东来赢得了更多的利润空间。

此外，胖东来的文化管理模式也是其成功的关键因素之一。公司倡导"以人为本"的理念，注重培养员工的价值观和职业道德。通过开展各种文化活动，增强员工的归属感和团队精神，营造出积极向上的工作氛围。同时，胖东来还强调诚信经营、服务至上的原则，以优质的服务赢得了顾客的信任和支持。

通过构建利益共享的组织网络，胖东来实现了企业与员工、供应商、顾客等各个利益相关者的共赢。这种模式不仅为胖东来带来了可观的经济效益，还塑造了其良好的企业形象和社会声誉。胖东来的成功经验表明，在商业竞争中，一个健康的组织网络是实现持续发展的关键。企业应该注重建立和维护与各利益相关者的良好关系，通过价值共享和文化管理等方式，激发员工的积极性和创造力，与供应商建立互利共赢的合作关系，以优质的服务赢得顾客的信任和支持。

为了实现这一目标，企业需要采取一系列措施。首先，要关注员工的成长和发展，提供良好的福利待遇和培训机会，让员工感受到企业的关怀和支持。其次，要与供应商建立长期稳定的合作关系，共同成长、共同发展。此外，还要注重用户的需求和反馈，不断提升服务质量和用户体验。同时，加强企业文化建设，培养员工的价值观和职业道德，营造积极向上的工作氛围。

通过这些措施的实施，企业可以建立起一个健康的组织网络，让各个利益相关者都能从中获得回报。在这个过程中，企业家作为企业的领导者和管理者，需要具备远见卓识和担当精神，始终关注企业内外部环境的变化，不断调整和创新管理模式和战略布局。同时，还需要注重团队建设和人才培养，激发员工的创新能力和合作精神。

总之，成为造势者对于企业的发展具有重要的指导意义。对于企业而言，通过构建利益共享的组织网络，实现与各利益相关者的共赢，才能真正实现持续发展和长足进步。

第九章　从单一收益走向增值生态网络

如今，企业需要构建一个互利共生的生态系统，与其他企业或机构合作，共同创造价值。这样的网络可以提供更丰富多样的产品或服务，满足消费者需求，并通过资源共享、优势互补降低成本。企业不再是孤立的个体，而是在一个共同的平台上共同成长，形成一个良性发展的生态圈。

多点收益是高利润模式设计的秘诀

在当今的市场环境中，大多数一般资源型企业面临着单一环节利润微薄的困境。为了实现高利润，这些企业需要寻求一种有效的模式来组合多个微利环节，多点收益正是这样一个秘诀。通过将多个微利环节有机地组合到一个模式中，企业可以实现高利润的目标。

多点收益模式是企业在经营活动中通过整合多个微利环节，形成一种综合性的盈利模式。这种模式的核心思想在于将分散的、微薄的利润点进行有机组合，以实现整体的高利润（见图9-1）。

很多中小企业都在寻找新的盈利点来应对挑战和抓住机遇，在价值链内叠加多个盈利点是一种有效的策略，可以使企业在熟悉的领域内发掘更多机会。

价值链是一个企业或行业的业务流程和价值创造过程，包括从原材料采购、生产、营销到售后服务等一系列活动。叠加多个盈利点意味着企业可以在价值链的不同环节上发现并利用新的机会来增加收入和利润。涉及优化现有流程、开发新产品或服务，或是将现有产品应用于新的市场或客户群。

企业应对自身的经营环节进行全面梳理，识别出具有微利特点的环节，可能涉及产品的研发、生产、销售、服务等各个方面

识别微利环节

整合资源

识别出微利环节之后，企业需要将相关资源进行整合，包括人力资源、技术资源、信息资源、渠道资源等，以形成一个完整的价值链

通过创新商业模式，企业可以打破传统思维的限制，发掘新的盈利点，涉及产品或服务的创新、营销模式的创新等

创新商业模式

优化管理

企业需要加强内部管理，提高各环节的协同效率和盈利能力，包括优化组织结构、完善内部控制、提高管理效率等

图9-1 多点收益模式的核心思想

下面用几个中小企业作为例子进行分析，来进一步阐述多点收益模式在高利润模式设计中的应用：

某玩具加工企业发现在生产过程中产生的边角料具有潜在的商业价值。通过将这些边角料加工成小饰品或钥匙扣，该企业不仅减少了废料，还创造了额外的收入来源。这种策略是在生产环节中叠加一个新的盈利点，而不需要改变企业的核心业务。

某服装生产企业，发现用户对于个性化定制的需求越来越多。于是，该企业开始提供定制服务，根据用户的特定需求设计和生产服装。通过这种方式，企业在销售环节上叠加了一个新的盈利点，满足了消费者对于个性化产品的需求。

某小型制造企业，生产某款零部件，但单件产品利润微薄。为了实现高利润，企业通过整合设计、生产、销售环节，开发出一系列相关产品，并通过自有品牌进行销售，使得企业能够将微薄的单件利润积聚起来，实现整体的高利润。

某连锁便利店，通过在不同地段开设分店，整合了采购、物流、销售等

环节。在采购环节，通过集中采购降低成本；在物流环节，优化配送路线，降低运输成本；在销售环节，提供多元化商品和服务，提高附加值。这种最直接的多点收益模式，使得这家便利店实现了高利润增长。

某互联网科技公司，通过提供免费的基础服务吸引用户，同时通过广告和增值服务实现盈利。这种"免费＋收费"的模式正是多点收益模式的典型案例。该公司通过整合免费和收费环节，实现了高利润的商业模式设计。

通过对以上中小企业案例进行分析，可以总结出多点收益模式在高利润模式设计中的实践经验，即创新商业模式、强化内部管理、持续改进和优化、优势互补的合作共赢、注重人才培养和引进等。

但是，仅在价值链内叠加多个盈利点并不等同于多元化。多元化意味着企业需要跨越原有的业务领域和市场，进入全新的行业或市场，这通常需要企业具备全新的技能、知识和资源，并建立起全新的价值链。

高利润是组合出来的。这一概念与 Sorosoro 株式会社负责人近藤哲郎提出的八方收益模式类似，是未来企业的生存之道。

八方收益模式是一种经营理念和策略框架，旨在帮助企业实现持续的盈利增长。该模式强调企业在经营过程中应关注八个方面的收益，以下是详细阐述。

（1）产品收益。企业通过销售实体产品或服务获得的收益，是企业经营的基础，也是最直接的盈利方式。企业可以通过提高产品质量、创新设计、降低成本等方式增加产品收益。

（2）活动收益。企业通过提供各种活动或体验获得的收益，与消费者的参与和体验有关，如旅游、娱乐、餐饮等。企业可以通过优化活动内容、提高服务质量、扩大市场份额等方式增加活动收益。

（3）构造收益。企业通过构建商业模式、产品或服务组合获得的收益，与企业的战略规划和组织结构有关，需要企业进行长期投资和规划。企业可以通过优化产品线、开发新产品、拓展新市场等方式增加构造收益。

（4）组织收益。企业通过优化内部组织结构、提高运营效率获得的收益，与企业的管理水平和运营效率有关，需要企业在内部管理和流程上进行持续改进和创新。企业可以通过推行精益管理、实施信息化改造、建立高效的组织文化等方式增加组织收益。

（5）资源收益。企业通过有效利用内外部资源获得的收益，与企业的资源整合能力和利用效率有关，需要企业进行资源的合理配置和有效利用。企业可以通过培养人才、引进先进技术、优化信息资源配置等方式增加资源收益。

（6）关系收益。企业通过建立和维护良好的用户关系、商业伙伴关系获得的收益，与企业声誉、品牌形象和客户关系质量有关，需要企业在市场关系和品牌建设上进行不断的投入和维护。企业可以通过提高客户满意度、建立稳定的商业伙伴关系、拓展市场份额等方式增加关系收益。

（7）信息收益。企业通过有效利用信息资源和信息技术获得的收益，与企业的信息处理能力和应用水平有关，需要企业在信息技术和信息管理上进行不断的投入和创新。企业可以通过优化信息流程、提高数据分析能力、推行信息化建设等方式增加信息收益。

（8）影响力收益。企业通过提升品牌影响力、社会形象获得的收益，与企业的公众形象和社会价值有关，需要企业在社会责任和公共关系上进行不断的投入和维护。企业可以通过参与公益活动、推动可持续发展、提高企业公众形象等方式增加影响力收益。

近藤哲郎提出的八方收益模式涵盖了企业经营的各个方面，将企业的各种盈利方式纳入到一个完整的体系中，有助于企业全面地了解自身的经营状况和发展潜力。该模式是一个动态的发展过程，企业在不同的发展阶段可以根据市场环境和自身资源状况选择合适的盈利方式，并不断优化和升级。该模式追求的是持续的盈利增长，而不是短期的利益最大化。因此，要求企业具备长远的发展眼光，关注长期利益和可持续性发展。该模式鼓励企业在经营过程中不断创新，通过创新实现盈利增长和市场拓展。同时强调企业与市场、客户、供应商等利益相关者之间的合作共赢，通过建立良好的合作关系实现共同发展。

在实际应用中，近藤哲郎提出的八方收益模式可以帮助企业全面审视自身经营状况，发现潜在的盈利机会和发展空间，实现全价值链庇护，帮助企业更好地适应市场变化和发展趋势，是持续盈利增长的重要保障。

苹果公司作为全球领先的科技巨头，其成功的背后有一条清晰的原则：简一。这一原则贯穿于苹果的产品设计、生产和营销，使得苹果始终保持着高度聚焦和精准定位。然而，在价值链的延伸上，苹果并没有仅仅停留在产品的生产和销售上，而是进一步探索了产业金融赋能和技术赋能。通过金融赋能，苹果实现了对全价值链的庇护，进一步巩固了其在市场中的领导地位。

简一原则在苹果的产品设计中体现得淋漓尽致。苹果始终坚持从用户需求出发，专注于提供高质量、简单易用的产品。这种原则确保了苹果在产品设计上的聚焦，从而避免了分散资源和精力。在竞争激烈的市场环境中，这种聚焦使得苹果能够更加敏锐地捕捉用户需求，并迅速做出反应。

然而，简一原则并不意味着苹果在价值链上的探索止步于此。为了更好地支持其核心业务，苹果不断寻求在价值链上叠加新的盈利点。其中，产业金融赋能成为一个重要的方向。

产业金融赋能是在产业发展过程中，通过金融手段为相关企业提供支持和保障。对于苹果而言，产业金融赋能的核心在于为其供应链上的企业提供融资支持。通过与金融机构合作，苹果为其供应商提供贷款、担保等金融服务，帮助他们解决资金问题，确保供应链的稳定和高效运作。

通过金融赋能，苹果实现了对全价值链的庇护。这意味着苹果不仅关注自身的盈利，还通过金融手段确保了整个供应链的健康发展。在市场竞争日益激烈的背景下，供应链的稳定性成为企业成功的关键因素之一。苹果通过产业金融赋能，加强了与供应商之间的合作关系，降低了供应链风险，进一步巩固了市场地位。

除了产业金融赋能，技术赋能也是苹果在价值链上探索的重要方向。技术赋能是指通过技术手段为相关企业提供支持和保障。对于苹果而言，技术赋能的核心在于为其生态圈中的企业提供技术支持和创新驱动（见图9-2）。

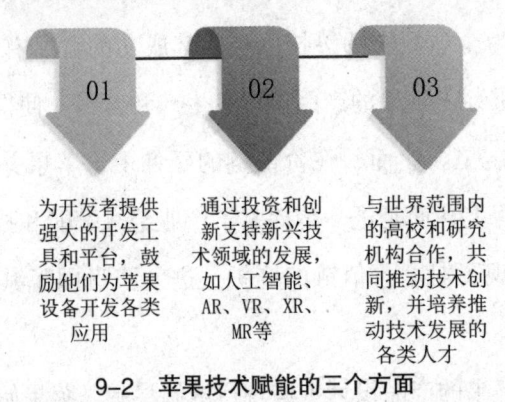

01 为开发者提供强大的开发工具和平台，鼓励他们为苹果设备开发各类应用

02 通过投资和创新支持新兴技术领域的发展，如人工智能、AR、VR、XR、MR等

03 与世界范围内的高校和研究机构合作，共同推动技术创新，并培养推动技术发展的各类人才

9-2 苹果技术赋能的三个方面

通过技术赋能，提高了苹果设备的功能和用户体验，吸引了更多用户选择使用苹果产品；促进了苹果生态圈的繁荣和发展，吸引了更多开发者、合作伙伴加入其中；为苹果提供了更多的商业机会和竞争优势，使其在不断变化的市场环境中始终保持领先地位。

综上所述，苹果在简一原则的基础上，通过产业金融赋能和技术赋能等手段，实现了对全价值链的庇护和升级。这种策略不仅确保了苹果自身的稳定发展，还带动了整个供应链和生态圈的健康成长。对于其他中小企业来说，苹果的成功经验具有宝贵的借鉴意义。在激烈的市场竞争中，中小企业应该根据自身的特点和优势，选择合适的策略来拓展价值链并叠加新的盈利点。同时，中小企业还应注重与合作伙伴建立紧密的关系，共同应对市场挑战并寻求发展机会。总之，对于大多数一般企业而言，通过整合多个微利环节到一个模式中，可以实现高利润的目标。

创新模式带来的技术生态优势

创新，作为驱动发展的核心动力，对于企业而言至关重要。经济学家约瑟夫·熊彼特的商业理论，强调了创新在市场经济中的核心地位。他指出，创新不仅是个别企业的独立行为，更是一个系统的、集群的过程。这为我们揭示了一个新的视角：创新模式的转变不仅是技术本身的进步，更是技术生态系统的优化和升级。

从熊彼特的视角来看，创新并非单一的发明或创意，而是新思维、新方法、新模式的集群效应。这些创新在市场经济中通过竞争和选择，最终形成了一种新的经济形态。在这种形态下，企业不再是孤立的个体，而是成了创新生态中的一个节点。节点之间的相互连接、相互作用，共同构建了一个生机勃勃的技术生态系统。

这个生态系统的优势在于其强大的自我更新能力。当一个关键节点取得突破性进展时，这种优势就会体现得淋漓尽致。这个节点可能是一项技术的重大突破，也可能是一个全新的商业模式。一旦这个节点出现，它就会像一颗种子，在生态系统中生根发芽，吸引更多的资源、人才和技术聚集。这种聚集效应不仅强化了该节点的优势，还进一步提升了整个生态系统的竞争力。

为了深入理解这种技术生态优势的来源，我们需要深入探究市场经济的本质。在市场经济中，利润是推动企业创新的重要动力。但值得注意的是，这里的利润并不仅仅来源于产品或服务的销售收入，更多的利润来源于由创新带来的市场垄断地位，以及由此产生的各种额外收益。例如，通过创新模式形成的生态系统可以构建起强大的竞争壁垒，使得其他企业难以进入；同时，这个生态系统还可以通过不断的技术升级和模式创新，来维持其市场领先地位。

熊彼特的商业理论有助于我们理解"一点聚集突破到技术族群优势的获得"。

首先，我们要理解"一点聚集突破"的含义。在一个技术生态系统中，每一个关键节点都可能成为突破点。这些节点可能是新技术、新发明，或者是新的商业模式。一旦这些节点取得突破，就会引发聚集效应。例如，电动汽车技术的突破导致了整个电动汽车产业链的聚集，包括电池技术、充电设备、智能驾驶等相关技术的快速发展。

其次，如何从"一点聚集突破"发展至"技术族群优势的获得"呢？这需要整个生态系统的协作与配合。

在技术生态中，没有任何一个企业或技术可以独自完成所有事情。企业需要与其他企业、研究机构，甚至竞争对手进行深度合作，共同推动技术的进步和应用。这种合作既可以加速技术的研发进程，也可以降低成本、提高效率，从而增强整个技术族群的竞争优势。

随着技术的快速发展，对人才的需求也越来越高。企业需要不断地培养和引进具有创新精神、技术专长和管理能力的人才。这些人才是推动技术发展的关键力量，他们的存在不仅可以提升企业的技术实力，还可以为整个生态系统注入活力。

在快速变化的市场环境中，只有持续创新才能保持领先地位。企业需要不断地进行研发投入，探索新的技术方向，不断优化和升级产品与服务。此外，企业还应该加强对知识产权的保护，鼓励创新成果的转化和应用，从而推动整个技术族群的健康发展。

当一个技术族群在市场上获得了广泛的认可和口碑后，就可以建立起品牌效应。这种品牌效应可以吸引更多合作伙伴和资源加入到这个生态系统中。例如，苹果的 iOS 生态系统因其高品质的产品和强大的品牌影响力吸引了无数的开发者、硬件制造商和消费者。

在一个技术族群中，供应链的稳定性和效率直接影响到整个生态系统的竞争力。企业需要与供应商建立长期、紧密的合作关系，确保原材料和零部件的稳定供应。同时，企业还需要通过技术创新和流程优化来提高供应链的效率和灵活性。

综上所述，创新模式的转变不仅是技术发展的必然趋势，也是企业获取竞争优势的关键所在。通过构建一个强大的技术生态系统，企业可以更好地应对市场挑战和竞争压力，实现持续的发展和繁荣。因此，对于每一个追求卓越的企业来说，都需要深入思考如何通过创新模式的转变提升自身的技术生态优势。这不仅是应对当下挑战的需要，更是谋划未来的必然选择。

服务增值模式带来高收益

随着科技的不断进步和消费者需求的日益多样化，产品本身已不再是决定市场竞争力的唯一因素。高收益也不再仅仅依赖于产品本身，而是越来越依赖于持续的服务增值。这种服务增值模式的核心在于，通过提供超出产品本身的附加价值，使用户感受到与众不同的体验，从而建立起持久的商业关系。下面通过微软、Adobe 等顶级企业的案例，探讨服务增值模式如何为企业带来高收益。

微软作为全球知名的科技企业，其成功的秘诀就在于始终坚持服务增值的理念。微软不仅提供优质的软件产品，还通过建立完善的技术支持体系、推出定制化的解决方案等方式，为用户提供全方位的服务体验。这种服务增值模式使得微软的产品更具竞争力，同时也为企业带来了丰厚的收益。

与微软类似，Adobe 也将服务增值作为其核心战略之一。Adobe 的软件产品在创意设计领域具有很高的知名度，而其成功的原因在于，Adobe 不仅关注产品的质量和功能，更注重用户的实际需求和使用体验。为了提高用户满意度，Adobe 提供了全方位的技术支持、培训和解决方案，确保用户在使用过程中得到最大的价值。这种服务增值模式使得 Adobe 在市场上取得了显著的竞争优势，为企业带来了持续的高收益。

通过以上案例分析可以看出，服务增值模式为企业带来的高收益主要表现在四个方面；同时，为了成功实施服务增值模式，企业也需要做到五个方面（见图 9-3）。

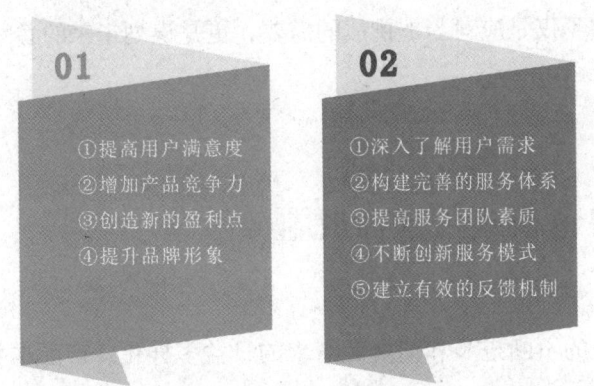

01
① 提高用户满意度
② 增加产品竞争力
③ 创造新的盈利点
④ 提升品牌形象

02
① 深入了解用户需求
② 构建完善的服务体系
③ 提高服务团队素质
④ 不断创新服务模式
⑤ 建立有效的反馈机制

图9-3　服务增值的四个表现和实现服务增值的五个方面

通过以上措施的实施，企业可以建立起适合自己的服务增值模式，为用户提供与众不同的服务体验，提高用户满意度，为企业创造更多的商业机会。

本节的核心是探讨服务增值模式。提到服务，我们总能想到传统的那类服务模式,即所谓服务行业提供的服务,然后会想到由此衍生出的企业为消费者提供的附加在产品上的服务,但依然没有脱离传统服务的范畴。我们都知道,当下是互联网时代向数字时代、智能时代过渡的阶段,无论是企业经营还是大众生活,软件都已经狠狠地渗透其中,使得它们越来越多地趋向于数字化和智能化。于是,有人感慨:"软件正在吞噬世界,智能服务正在吞噬软件。"对于企业而言,占据有利位置并利用智能服务提供高收益已成为制胜的关键。

软件的发展改变了传统产业的运营模式,为企业带来了前所未有的机遇。在这个过程中,智能服务的崛起显得尤为引人注目。智能服务不仅能够帮助企业提高运营效率,更能开辟新的商业领域,为企业创造更多的商业价值。智能服务可以根据用户的需求和行为,提供个性化的产品和服务,从而实现商业模式的创新。

Adobe公司通过提供智能化的软件服务,使得设计师能够更加高效地进行创作。通过分析用户的使用习惯和需求,Adobe不断优化其软件功能和服务,为用户带来了更好的使用体验。因此,企业要想在这个被软件和智能服务"吞噬"的世界中获得高收益,必须做到以下四点。

(1)紧跟技术发展趋势,不断更新和优化软件产品。企业要保持敏锐的市场洞察力,及时了解新技术、新应用的发展动态,将其融入产品和服务中,以满足市场不断变化的需求。

(2)加强数据分析能力,提供个性化的智能服务。企业应建立完善的数据收集和分析体系,深入挖掘用户的需求和行为特征,提供更加精准、个性化的产品和服务。通过提供智能服务,企业可以与用户建立更加紧密的联系,从而提高用户黏性和忠诚度。

(3)注重人才培养和团队建设。企业应积极吸引和培养具备软件开发、数据分析等技能的人才,打造专业、高效的团队。同时,企业还要关注员工的发展和培训，提升团队的综合素质和创新能力。

（4）加强合作与联盟。在软件和智能服务的生态系统中，企业应寻求与其他企业和机构的合作与联盟。通过资源共享、优势互补，共同应对市场的挑战和机遇。

在这个被软件和智能服务"吞噬"的世界中，企业必须保持创新和变革的能力，通过服务增值来吸引用户以便在激烈的市场竞争中占据有利位置，获得持续的高收益。

产业链模式和价值链模式带来产业地位

优势产业地位是利润的源泉，也是资源的聚合池。在当今高度互联的世界中，企业必须通过构建和掌控产业链与价值链来获取和保持自身竞争优势。

1. 产业链模式：垂直整合与专业化

产业链模式指的是产业链中的企业之间如何相互关联，共同形成一种结构化的网络。产业链模式主要包括垂直整合和专业化两个部分。

垂直整合产业链，即从原材料到最终产品的完整生产链条，能够使企业更好地控制产品质量和生产过程，减少外部依赖，但同时也需要企业具备足够的资源和能力。

专业化产业链，即企业专注于产业链中的特定环节，如研发、生产、销售等，这种模式有利于企业集中资源，提高专业化和规模效应，但对企业与外部供应商和用户的合作能力要求较高。

选择哪种产业链模式取决于企业的资源、能力和战略目标。然而，无论是垂直整合还是专业化，都需要企业持续优化自身能力，以适应不断变化的外部环境。

2. 价值链模式：价值创造与竞争优势

价值链模式关注的是如何在产业链中创造和分配价值。企业的价值链包括基本活动（如生产、营销、物流等）和辅助活动（如采购、人力资源管理和基础设施等）两部分。

企业通过优化价值链来提高效率和效益，从而获得竞争优势，包括降低成本、提高产品质量、创新产品和服务、增强品牌影响力等。在价值链中创造更多价值的企业将获得更高的利润和更大的市场份额。

为了实现价值链优化，企业需要建立一种"共赢"的思维模式，与供应商、用户和其他合作伙伴共同创造价值。此外，企业还需要具备敏锐的市场洞察力和快速响应能力，以便在价值链中获取更多优势。

3. 通过优化产业链模式和价值链模式来提升产业地位

为了提升产业地位，企业必须不断地优化产业链模式和价值链模式，这与当前大量企业由传统模式向数字化和智能化模式转变的历史机遇正面相撞，必然会对原有的商业模式进行彻底解构。新的商业模式，不再停留在简单的对接合作伙伴、渠道和消费者关系的维护上，而更像是企业的数据化、共享化、社会化和赋能化。

关于这些内容，我们以联想的"新IT"商业模式为案例，从生产组织、技术创造、生态结构、服务系统四个方面进行阐述。

（1）生产组织数据化。实体经济的传统生产模式，是以物质形态转换为核心的价值增值过程。在"新IT"视阈下，数据在物质生产活动阶段以及支持生产管理阶段都发挥着越来越关键的作用，生产组织形式也因此发生了重大转变，物联网、大数据、云计算、区块链、人工智能、虚拟现实等前沿技术被引入到数据分析当中，满足了减少能耗、安全可控、便捷支付等方面的需求。因此,"新IT"的应用既实现了物质生产环节的优化,也带动了整体产业链条的智能升级。可以这样理解,所谓"新IT"赋能实体经济,是指在优化数据的过程中,完成系统网络建设、基础设施建设等工作。

(2)技术创造共享化。"新IT"促进了全新的中国制造理念的诞生。在具体实践中,"新工厂"已经实现了对设备、工厂与上下游企业的连通,并且根据不同的生产需求完成端口位置的调整,将获取到的数据固化于生产线当中进行共享。此外,"新IT"还推动了动力系统、网络系统智能化升级,生产活动中产生的数据被转变为机器设备运行的经验,从而不断削弱人的主观因素对于生产活动的影响。在这样的发展路线下,实现真正意义上的最优生产已经指日可待。

(3)生态结构社会化。在智能化生产线崛起后,现有实体经济的生态结构突破了传统流水线式分层结构的束缚,逐渐趋于网格化、社会化。尤其在"新IT"的覆盖下,生成了更多全新的节点,每个节点同时具备完整的智能化生产能力,因此每个节点都可以作为智能化工厂运行。由此可见,"新IT"可以将不同产业与企业的能力进行汇聚,彻底转变了原有的地理聚集模式,构建起虚拟的产业集群,形成了独特的数字生态结构。

(4)服务系统赋能化。在"新IT"发展背景下,联想通过"3S战略"实现服务导向的转型升级:①以智能物联网(Smart IoT)促进信息消费升级。②以智能基础架构(Smart Infrastructure)促进信息基础设施升级。③以行业智能(Smart Verticals)促进数字化向智能化应用升级。结合联想的战略布局来看,"3S战略"的根本要点在于向用户提供"新IT"全要素服务,进而跳出简单交易的局面,为用户提供问题解决方案。具体实施赋能丽江古城时,联想以5G技术为支撑,解决丽江人流量过大与设备老化之间的矛盾,成功实现了古城的智能化转型,达成了管理质量升级、运营效率升级、运维成本降低与游客体验最优的智慧城市的目的。

综上所述，企业的产业链模式和价值链模式的优化，涉及生产、技术、服务的方方面面。联想在发展过程中通过"新IT"商业模式的引入，成功让制造变成"智造"，让生产变得智能，让企业变得智慧。联想的智能技术与智能终端的结合，在整体系统中打造出智慧化赋能的数字化经济活动生态圈。

总之，智慧时代使得企业的发展模式面临全新的转变。随着云计算、大数据、人工智能等技术的不断发展，产业链和价值链的优化也在不断演变，企业必须时刻准备着在现有基础上进一步对其内在价值进行挖掘，不断抓住机遇，实现高利润经营的同时，为实现推动智能变革、实体经济赋能奠定坚实的基础。

平台模式的收入来源

随着互联网技术的发展和普及，平台模式已成为企业创新发展的重要趋势。平台模式通过连接不同的利益相关者，实现资源共享和价值共创，为企业带来了新的收入来源。

产业平台是指以互联网技术为基础，通过整合产业链上下游资源而形成的一种新型的产业生态系统。产业平台通过提供全方位的服务，满足产业链上下游企业的需求，从而吸引更多的企业加入平台，形成规模效应。随着产业平台的不断发展，其收入来源也呈现出多元化趋势。

（1）广告收入。当产业平台的用户规模达到一定量级时，平台通过提供广告服务获取收入。广告主通过平台投放精准广告，实现品牌推广和营销目标，平台则根据广告效果向广告主收取一定的费用。

（2）数据服务收入。产业平台在运营过程中积累了大量用户数据和交易信息。这些数据具有很高的商业价值，可以被用于市场分析、产品研发、精准营销等场景。因此，一些产业平台会将数据作为服务出售给相关企业或研究机构，以获取额外收入。

（3）增值服务收入。产业平台根据用户需求，提供个性化的增值服务，如高级功能、专属工具、定制服务、数据分析、云计算等。用户根据实际需求选择是否购买这些服务，平台则通过提供增值服务获取收入。

（4）交易分成收入。当产业平台促成交易时，可以向交易双方收取一定比例的分成费用。佣金比例根据商品类型、销售额等因素而定，一般在2%～10%之间。随着交易规模的扩大，佣金收入也随之增加。同时，一些平台也会向买家收取一定的费用，如特定商品的加价或运费等。

（5）金融服务收入。一些产业平台通过与金融机构合作，提供金融服务作为其收入来源之一，包括在线支付、供应链金融、保险等。通过为用户提供便捷的金融服务，产业平台可以增强用户黏性并获取额外收益。

（6）战略投资与合作收益。产业平台通过与其他企业或机构进行战略投资或合作实现收入的多元化，包括共建研发中心、联合推广品牌、共享资源等。通过合作与投资，产业平台可以实现优势互补和资源共享，进一步扩大市场份额和提高盈利能力。

下面我们将围绕海尔卡奥斯模式，进一步阐述工业互联网平台的中台、前台的服务系统收费和平台联盟模式及其收入来源。

2009年，海尔集团超越世界家电巨头惠而浦和LG，一跃成为全球"白色家电"第一品牌。海尔发展的强劲势头离不开集团在战略层面的高瞻远瞩和基础建设的深远布局，可以概括为：以"黑海战略"为核心、以"卡奥斯平台"为基石、以"人单合一"为推进燃料。

物联网传感器技术的迅速发展，开启了万物互联的新时代，谁能围绕用户旅程全流程为用户提供一站式体验，谁就能在商业世界开拓一片新天地。在意识到构建"生态"的紧迫性之后，海尔迅速调整战略，从单一产品型企业向生态型企业转型。

与生物界一样，商业领域的生态系统也有荣有衰，荣衰取决于合作伙伴的互动参与、共创共赢和承载生态平台的赋能能力。平台能力越强，越能赋能置身于其上的创业者和企业，与平台形成合力，形成久攻不破的竞争壁垒。因此，海尔的"黑海战略"不再关注传统的价值共生能力，而是关注平台赋能能力。

价值共生是一种新的价值创造模式——"用户的场景体验迭代驱动生态品牌的自我进化与价值共生"。海尔执行"黑海战略"的终极目的是构建一个以增值分享为核心机制、有生态伙伴共同进化的商业生态系统。

卡奥斯模式是海尔研发的、具有自主知识产权的工业互联网平台，核心是通过持续与用户交互，将用户由被动的、无话语权的购买者变为主动的、有话语权的参与者和创造者。卡奥斯模式通过为生态网络中的成员（创业者和企业）提供解决问题的整套技术和方案，将海尔在制造产业中累积多年的经验、知识和最佳实践对外赋能，使得各成员得以依托平台能力实现更多价值的释放（见图9-4）。

卡奥斯平台分为边缘层、平台层和应用层。其中，边缘层是基础，负责底层数据的采集和连接；平台层分为IaaS层和PaaS层，其中IaaS层运用云计算技术构建符合工业场景要求且可根据负载弹性伸缩的云计算平台，PaaS层通过多种组件建立可支撑海量工业数据处理的安全环境；应用层也称为SaaS层，支撑各类开发者实现海量数据的深度分析，沉淀和复用工业知识，构建工业App生态。

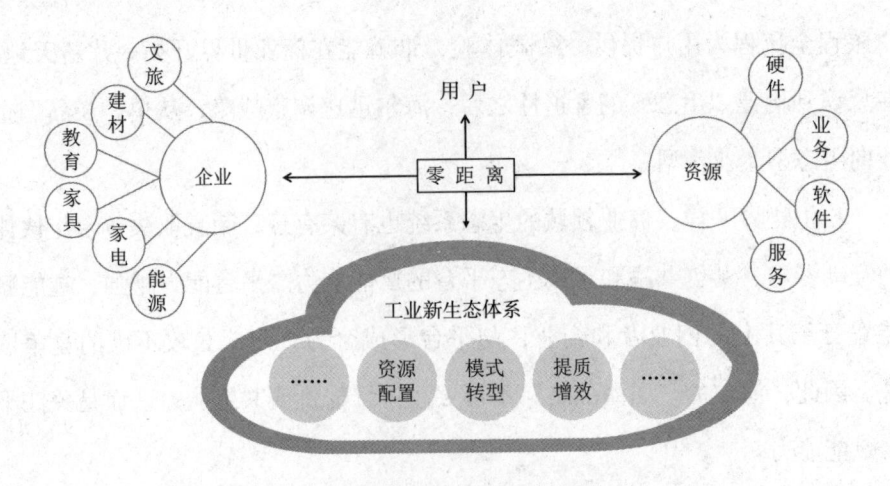

图9-4　卡奥斯模式创建多边共赢的生态

在此三层的基础上，卡奥斯模式开发出了7个模块化的解决方案，分别为：用户交互、研发创新、精准营销、协同采购、智能制造、智慧物流和智慧服务。这7个解决方案既可以单独使用，也可以聚合共用，企业可根据自身情况选择使用不同的能力模块。

以上便是对卡奥斯平台对外赋能"1＋7＋N"战略的详细解读。其中，"1"代表1个平台（卡奥斯平台），"7"代表平台上的7个核心功能模块，"N"代表卡奥斯平台可以在N个行业进行跨行业、跨领域复制。

经过对卡奥斯平台的详细分析后，再通过实际案例看看卡奥斯平台如何赋能企业实现转型升级和利润提升。

以卡奥斯平台赋能房车产业为例。房车生产厂商康派斯借助卡奥斯平台直连用户的特性，完成了从"国外品牌代工厂"到"智慧房车生态解决方案供应商"的转型，实现了缩短生产周期、降低采购成本和提升供应链安全的目的，企业订单量提升了62%，产品相对原来溢价63%。

再以卡奥斯平台赋能建筑陶瓷行业为例。山东淄博统一陶瓷公司与卡奥斯平台进行深度共建，在实现降本增效、集约采购、智能制造、协同研发的基础上，实现了品牌赋能。定制物联生态平台"海享陶"不仅孵化了多个自主高端定制的建陶品牌，还带动中小企业提高了产品竞争力和品牌溢价，进而提升了整个建陶行业的利润率。

通过海尔卡奥斯模式可知，在平台模式下，企业无论是服务内部还是赋能外部的创新，其本质都是更加贴近用户需求，所需的能力也都是平台赋能能力。而平台模式的收入来源，正是在这样的不断贴近与赋能中持续获取的。

生态系统模式的收入构成

随着互联网的深入发展，生态系统模式的收入构成已成为业界关注的焦点。对于一个健康、稳定的生态系统模式而言，其收入来源不再仅依赖于传统的广告投放或付费服务，而是呈现出倒贴、免费、收费和高收费的多元模式组合，同时建立有助于吸引和留住用户的生态社区，从而在激烈的市场竞争中获得可持续的用户黏性。

（1）倒贴模式。它是指企业为了吸引用户或市场份额，采取的一种主动让利行为。具体表现为企业会向用户提供一些免费的资源或服务，但这些资源或服务可能原本需要付费才能获取。这种模式的优势在于，能够在短期内快速吸引大量用户，提高品牌知名度。但劣势也很明显，长期倒贴会导致企业盈利能力下降，甚至可能陷入亏损的境地。因此，企业在采用倒贴模式时，需要充分考虑自身的盈利能力和市场定位。

（2）免费模式。它是指企业提供的某些资源或服务不收费，但用户在使用过程中可能会接触到企业的其他收费项目。这种模式的优势在于，能够吸引大量用户，提高用户黏性。同时，用户在使用过程中一旦接触到企业的收费项目，就有可能转化为付费用户。但这种模式劣势同样明显，如果收费项目设计不当或用户体验不佳，就可能会影响用户对企业的信任度。因此，企业在采用免费模式时，需要注重收费项目的合理设计和用户体验的提升。

（3）收费模式。它是指企业提供的资源或服务需要用户付费购买。这种模式的优势在于，企业能够获得稳定的收入来源，保障企业的盈利能力。但劣势在于，可能会限制用户的数量和规模，影响企业的市场份额和品牌知名度。因此，企业在采用收费模式时，需要平衡好收费与市场份额之间的关系。

（4）高收费模式。它是指企业针对高端用户群体提供的高品质资源或服务，其价格往往高于市场平均水平。这种模式的优势在于，能够为企业带来高额利润，满足高端用户的需求。但这种模式的劣势在于，市场规模相对较小，用户群体较为有限。因此，企业在采用高收费模式时，需要充分考虑自身的高端资源和服务的独特性与市场需求。

无论是哪种收费模式，关键在于如何实现可持续的用户黏性。这需要企业在提供优质产品和服务的基础上不断地提升用户体验和价值感。同时，加强与用户的互动和沟通，建立稳定的信任关系也是实现可持续用户黏性的重要途径。

在实际应用中，企业可以根据自身情况和市场环境，选择不同的模式进行组合。例如，一些互联网企业可以采用"倒贴＋免费"的模式来快速抢占市场份额；一些软件企业可以采用"免费＋收费"的模式来吸引用户并提高付费转化率；一些高端品牌可以采用"高收费＋增值服务"的模式来满足高端用户的需求并获取高额利润。

字节跳动作为中国领先的互联网技术公司，凭借其独特的生态系统模式在短时间内取得了令人瞩目的成绩。该模式的成功得益于其多元化的收入构成以及各组成部分之间的协同作用。

在发展初期，字节跳动采用了大规模的倒贴模式，以吸引用户和市场份额。无论是抖音、今日头条还是其他产品，字节跳动都投入了大量的资源进行宣传和推广，为用户提供优质的服务和内容。这种模式让字节跳动在短时间内快速形成用户规模，并通过用户数据的积累和分析，更加精准地了解用户需求，优化产品和服务，提高用户黏性。

除了倒贴模式，字节跳动还采用了免费模式来吸引用户。无论是抖音、今日头条还是其他产品，用户都可以免费使用其中的大部分功能和内容。这种模式降低了用户使用门槛，提高了用户黏性和忠诚度。

对于一些高级功能或服务，字节跳动会采取收费的方式，让用户为特定的需求付费，保障企业的盈利能力。通过收费模式，字节跳动能够筛选出对产品和服务有更高需求的用户，提供更加个性化、专业化的服务。

此外，字节跳动还针对那些对产品和服务有更高需求的用户，推出高收费模式，为这部分用户提供更加个性化、专业化的服务。高收费模式为企业带来了高额利润，满足了高端用户的需求，但这部分用户群体较为有限。

总之，字节跳动通过不同的模式组合，在不同阶段满足了用户的需求并保持了企业的盈利能力。倒贴、免费、收费和高收费的多元模式组合为企业生态社区的构建提供了多元化的选择和发展空间。在实际应用中，各类企业需要结合自身情况和市场环境进行综合分析，选择最适合自己的商业模式组合，实现商业价值的最大化。然而，如何根据自身特点和市场环境进行合理的选择和组合，仍需企业在实践中不断探索和创新。

第十章　高利润模式带来的风险和挑战

高利润模式在带来丰厚收益的同时，也伴随着风险和挑战。首先，高利润可能意味着高风险，企业需要对市场变化、技术更新等因素保持敏感，否则可能导致巨大损失。其次，法律和合规问题也不容忽视，企业需要确保业务活动合法，避免触犯法律红线。此外，财税方面也可能存在复杂问题，如税务筹划、成本控制等。高利润模式要求企业具备强大的管理能力和风险控制能力，确保持续、稳定地创造价值。

高利润和高积累不是目的，企业健康才是目的

在现代商业社会中，许多企业追求高利润和高积累，将之视为企业发展的主要目标。然而，这种观念可能会使企业忽视了更为重要的因素：企业的健康和可持续发展。欧洲管理大师弗雷德蒙德·马利克的核心观点是，企业健康比高利润更重要，企业的目的不应仅仅局限于盈利。

马利克的管理思想以整体性、可持续性和人性化为核心。他认为，企业健康表现在组织的有效性、自我调节能力和适应性等方面。与之相反，病态组织往往过于依赖外部刺激，缺乏内部协调和稳定性。在马利克的观点中，企业的目标不应仅仅局限于追求高利润和高积累，而应以健康和可持续发展为目标。

本节采用文献回顾和案例分析的方法，来对比分析不同企业在追求高利润和高积累过程中的得与失，从而验证马利克的企业健康观的实际意义。通过深入剖析成功企业的内部管理机制，我们发现这些企业普遍注重员工的成长、客户的需求以及社会责任的履行，而非单纯地追求财务指标的增长。

苹果公司是追求高利润和高积累的典型代表，其产品在全球范围内广受欢迎。然而，近期的研究显示，苹果公司的企业文化和管理模式在一定程度上忽视了员工的福利和心理健康。这种状况可能导致员工工作积极性的下降和企业凝聚力的减弱，进而影响企业的长远发展。

与此相反，阿里巴巴则注重企业的健康发展。阿里巴巴不仅为员工提供完善的培训和发展机会，还关注员工的心理健康和家庭生活。这种以人为本的管理模式使阿里巴巴在业界享有良好的声誉，也为其赢得了大量的忠实用户。

马利克的企业健康观为我们提供了一个全新的视角来看待企业的发展。传统的观点认为，企业的目标是实现高利润和高积累，而马利克则认为这并非企业的唯一目标。实际上，企业的健康和可持续发展才是更为重要的目标。为了实现这一目标，企业需要注重以下十个方面。

（1）关注员工福利。员工是企业的重要资产，员工的幸福感和满足感直接影响着企业的生产力和创新能力，由此企业应关注员工的福利和需求，为员工提供良好的工作环境和职业发展机会。

（2）强化内部管理。企业内部管理的好坏直接决定了企业的稳定性和发展潜力，因此企业应建立健全管理体系，提高决策效率和执行力，加强风险控制和预防机制。

（3）关注用户需求。用户是企业利润的来源，企业应始终关注用户需求和反馈，不断提升产品和服务质量与竞争力，积极寻求与用户的互动和沟通，建立稳定的用户关系。

（4）履行社会责任。履行社会责任可以提升企业的社会形象，因此企业应关注环境保护、公益事业等方面，有助于建立良好的品牌形象和市场口碑。

（5）注重创新。创新是企业持续发展的重要驱动力，企业应鼓励员工积极创新，推动产品和服务的升级换代，来满足市场的不断变化和需求。

（6）建立学习型组织。学习型组织能够持续不断地提升自身的竞争力和创新能力，因此企业应鼓励员工不断学习和成长，提供培训和发展机会，建立良好的学习氛围和文化。

（7）建立企业文化。企业文化是企业健康发展的重要支撑，因此企业应建立积极向上的企业文化，激发员工的归属感和荣誉感，提高企业的凝聚力和向心力。

（8）培养领导力。优秀的领导者是企业成功的关键因素之一，因此企业应注重领导力的培养和发展，提高管理团队的素质和能力，推动企业的可持续发展。

（9）拥抱变革。变革是企业发展的必然选择，故而企业应积极拥抱变革，不断调整和优化自身的管理模式和发展战略，以适应市场的变化和需求。同时，企业应注重变革过程中的风险控制和稳定性管理，避免因变革带来的负面影响。

（10）国际化发展。在全球化的背景下，国际化发展已经成为企业不可或缺的战略选择，因此企业应积极拓展国际市场，提升自身的国际竞争力。此外，企业还要注重跨文化交流和管理，以适应不同国家和地区的文化与市场需求。

综上所述，高利润和高积累并非企业的唯一目标，企业健康才是更为重要的目标。为了实现这一目标，企业需要正确地作出经营决策并实施，以实现健康和可持续发展，赢得长远的商业成功和社会认可。

模式设计需要考虑供应链风险

在当今高度互联的世界中,供应链管理已经成为企业成功的关键因素之一。然而,供应链的复杂性也带来了前所未有的风险。这些风险可能来自各种因素,包括供应商的不稳定、需求波动、物流中断、成本上升等。因此,企业在设计供应链模式时,必须充分考虑并管理这些风险,以确保供应链的稳健和利润的持续增长。

供应链风险是指企业在生产和交付等环节所面临的潜在威胁。一个稳定、高效的供应链对于企业的成功至关重要。

识别供应链风险是模式设计的基础。企业必须先了解潜在的风险源,才能制定有效的应对策略。常见的供应链风险包括供应商破产、自然灾害、政治风险、技术风险等。这些风险可能导致供应中断、成本上升或产品质量问题,从而影响企业的盈利能力。因此,企业应定期进行供应链风险评估,并保持对市场动态的敏感度。

建立风险管理框架是模式设计的核心。这个框架必须包括风险的识别、评估、控制和监控四个环节。在识别环节,企业应对供应链中的潜在风险进行全面梳理;在评估环节,企业应对这些风险进行量化和定性评估;在控制环节,企业应制定相应的策略和措施来降低风险的影响;在监控环节,企业应持续关注风险的动态变化,并及时调整管理策略。

多元化供应商策略是降低供应链风险的有效途径之一。通过与多个供应商合作,企业可以降低单一供应商破产或供应中断的风险。此外,企业还可以通过与不同地域的供应商合作,降低地理政治风险和自然灾害风险。然而,多元化供应商策略并不意味着简单的"备胎"策略,企业应综合考虑供应商产品的品质、价格、交货期及供应商的服务和信用等因素,确保供应商选择的合理性。

物流管理是供应链风险管理的重要组成部分。在模式设计中,企业应重视物流网络的优化和物流过程的监控,包括选择可靠的运输伙伴,建立快速响应机制,实现物流信息的实时共享等。通过加强物流管理,企业可以降低运输中断、交货延迟等风险,提高供应链的稳定性和效率。

建立快速反应机制可以帮助企业在面临供应链风险时迅速做出调整。这个机制一般架设在模式系统控制中,应包括应急预案、危机管理流程和恢复计划等。通过提前制定应急预案,企业可以快速应对各种突发情况;通过设置危机管理流程,企业可以迅速调动资源,协调内外部利益相关者;通过增设恢复计划,企业可以在遭受损失后尽快恢复正常运营。

持续改进和优化是供应链风险管理的重要原则。随着市场环境的变化和企业的发展,供应链风险也在不断演变。因此,企业应定期评估和更新风险管理策略,不断优化供应链模式。这主要包括改进供应商管理、升级物流系统、调整库存策略等。通过持续改进和优化,企业可以不断提升供应链的韧性和盈利能力。

综上所述,企业在设计供应链模式时,应充分考虑供应链风险。通过识别风险、建立风险管理框架、采取多元化供应商策略、加强物流管理、建立快速反应机制以及持续改进和优化等措施,企业可以降低供应链风险,提升整条链的利润水平。

高利润都是特定条件下的脆弱生态

在商业世界中，高利润是企业追求的终极目标。然而，我们必须认识到，高利润往往是在特定条件下形成的脆弱生态，不仅伴随着高风险，还需要企业付出巨大的努力和资源投入。

首先，我们必须认识到高利润的脆弱生态是存在的。企业获取高利润的过程，往往是在特定的市场环境、经营策略和管理模式下的产物。这些特定条件包括市场需求旺盛、技术创新领先、资源优势明显等。然而，这些条件并不是永恒的，一旦外部环境发生变化，企业的利润水平可能会迅速下降。因此，高利润的获取需要企业持续地适应和调整，以维护这一脆弱生态。

其次，高利润必然伴随着高风险。在追求高利润的过程中，企业可能会采取高风险策略，如过度依赖单一客户、盲目扩张市场份额、过度投资等。这些策略在短期内可能会带来高回报，但长期来看，一旦市场环境发生变化或策略失误，企业可能会面临巨大的损失。因此，企业在追求高利润的同时，必须充分评估和管理风险，制定稳健的策略和财务规划。

微商的兴起与没落是近年来商业发展中脆弱生态的一个缩影。微商，依托于社交媒体平台，利用人际关系链进行商品营销。不可否认，在短时间内，许多微商都创造了令人瞩目的销售业绩，获得了高利润。然而，随着时间的推移，许多微商品牌纷纷没落，充分暴露了其脆弱生态的特性。

微商的成功很大程度上依赖于特定的社交媒体平台，因此当这些平台（如微信、微博等）调整策略，对微商活动进行限制时，微商的利润便会受到严重的冲击。此外，随着平台用户的增长和信息过载，许多广告内容被淹没，导致微商所发布信息的点击率和转化率下降。

而且，微商模式过于依赖人际传播，缺乏有效的品牌建设和市场推广策略。当人际关系链耗尽，或者口碑不佳时，这种传播模式便会失效。再者，很多微商产品缺乏核心竞争力，同质化严重，价格战成为微商主要的竞争手段，这无疑进一步压缩了利润空间。

此外，随着消费者维权意识的提高，许多微商产品因质量问题、虚假宣传等受到质疑和投诉。这不仅影响品牌形象，还有可能导致法律纠纷。这其实也是导致微商没落的原因之一。

综上所述，微商的没落不是单一原因所致，而是多种因素共同作用的结果，这也验证了"高利润都是特定条件下的脆弱生态"的观点。微商过于依赖特定的社交媒体平台、人际传播以及低成本、低质量的商业模式，忽视了品牌建设、产品质量和消费者权益。当这些特定条件发生变化时，微商的脆弱生态便显现出来，高利润也随之消失。

因此，对于企业而言，要想在竞争激烈的市场中获得持续的高利润，必须建立稳定的商业模式和品牌形象，注重产品质量和创新，并关注消费者需求和权益。只有这样，企业才能在不断变化的市场环境中保持竞争优势和可持续的盈利能力。那么，企业应该如何管理和应对高利润带来的风险呢？

（1）企业应保持对市场和行业动态的敏感度。市场环境的变化是不可避免的，但企业可以通过持续的市场调研和趋势分析，提前预测并应对这些变化。例如，企业可以关注用户需求的变化、竞争对手的动向、政策法规的调整等信息，以便及时调整经营策略和产品定位。

（2）企业应制定稳健的财务规划。高利润往往需要大量的资本投入和市场拓展，但企业应避免盲目扩张和过度负债。通过制定合理的财务预算和风险管理计划，企业可以确保资金流的稳定和可持续性，降低财务风险。

（3）企业应注重核心竞争力的培养和维护。核心竞争力是企业获取高利润的关键因素之一，但核心竞争力并不是一成不变的。企业应不断加大对研发和创新的投入，以保持技术和市场的领先地位，同时加强内部管理，提高运营效率和服务质量。

（4）企业应建立风险应对机制。针对可能出现的风险和危机，企业应制定应急预案和危机管理流程。通过建立快速响应机制和有效的沟通渠道，企业可以迅速应对各种突发情况，降低风险损失。

（5）企业应注重人才培养和团队建设。通过不断培训和教育，企业可以提高员工的素质和能力，增强团队的凝聚力和执行力。这样可以在面对高利润带来的风险时，更好地应对挑战和机遇。

作为企业经营者，必须认识到高利润并不是永恒的。在商业世界中，没有任何一种策略或模式是永恒有效的。随着市场环境的变化和技术的发展，企业的利润水平也会不断波动。因此，企业应保持谦逊和开放的态度，不断学习和创新，以适应不断变化的市场环境。同时，企业还应积极履行社会责任和可持续发展理念，为社会和环境做出积极的贡献。

综上所述，高利润都是特定条件下的脆弱生态，高利润必然伴随着高风险。企业在追求高利润的同时，必须充分评估和管理风险，制定稳健的经营策略和财务规划。

高利润企业需要时刻警惕自我固化

在商业世界中，高利润企业往往因为其卓越的业绩和成功的模式而备受瞩目。然而，这些成功的企业也面临着一个潜在的危险：自我固化。自我固化是指企业因为长期的成功而形成的惯性思维、僵化决策和封闭心态,这可能导致企业失去创新能力和市场敏锐度,最终走向衰败。那么,高利润企业应如何时刻警惕自我固化,以保持持续成功呢?

作为企业经营者必须形成这样的认知:自我固化的表现形式多种多样。企业可能因为过去的成功而过度自信,对新事物持怀疑态度或者过于依赖现有的商业模式和竞争优势。这种固化的思维模式将导致企业忽视市场变化和用户需求变化,错失新的商业机会。此外,企业内部可能形成利益集团和官僚作风,导致决策过程变得僵化和低效,以至于无法及时适应外部环境的变化。

企业警惕自我固化,需要从以下五个方面入手。

(1)保持危机意识。企业应时刻提醒自己,产业地位如流沙,今天的成功不代表未来的成功。企业必须保持谦逊和开放的态度,不断学习和创新,以应对不断变化的市场环境。通过定期进行战略规划和风险评估,企业可以发现潜在的问题和机会,及时调整战略方向和资源分配。

(2)鼓励创新和变革。创新是企业持续发展的动力源泉,而变革则是企业在市场竞争中保持领先地位的关键因素。企业应营造一个鼓励创新和变革的文化氛围,提供足够的资源和支持,鼓励员工勇于尝试新的思路和方法。同时,企业应建立健全创新机制和激励机制,以激发员工的创造力和参与度。

(3)打破内部的利益集团和官僚作风。企业内部存在利益集团和官僚作风是导致自我固化的重要原因之一,因此企业应加强内部沟通和管理透明度,打破部门壁垒和利益冲突,促进信息共享和协同工作。通过建立扁平化组织结构和跨部门协作机制,企业可以提高决策效率和执行力,从而更好地应对市场变化和用户需求。

(4)关注客户需求和反馈。用户是企业最重要的利益相关者之一,也是企业获取高利润的重要来源。因此企业应始终关注用户的需求和反馈，及时调整产品和服务，提升用户体验和忠诚度。通过与用户的紧密互动和合作，企业可以更好地了解市场动态和趋势，抓住新的商业机会，保持竞争优势。

（5）建立学习型组织。学习型组织是指企业通过不断学习和改进来适应市场变化和提高竞争优势的组织形式。企业应鼓励员工不断学习和成长，为他们提供培训和发展机会，激发他们的潜力和创造力。同时，企业应建立有效的知识管理和共享机制，促进企业内部知识的积累和传播，提高组织人员的知识和创新能力。

为了时刻警惕自我固化，高利润企业还需要建立一套有效的监控和预警机制，来帮助企业及时发现和解决潜在问题，防止自我固化的形成。企业可以通过定期的战略评估、风险识别和管理审计等手段，对企业的运营状况、市场地位和竞争优势进行全面检查和分析，一旦发现潜在的问题和风险，企业应及时采取措施予以纠正和改进。

另外，企业领导者在警惕自我固化方面也扮演着重要的角色。领导者应该具备前瞻性和战略眼光，不断引导企业进行创新和变革。同时，领导者还应营造一个开放、包容和鼓励创新的组织氛围，激发员工的积极性和创造力。通过与员工的互动和沟通，领导者可以了解员工的想法和需求，及时调整管理策略和决策方向，使企业始终保持活力和竞争力。

最后需要指出的是，时刻警惕自我固化是一个长期的过程，这需要企业在日常运营和管理中不断反思、总结和提高。只有保持持续的学习和创新精神，企业才能真正做到基业长青、永续发展。

独占高利润其实是企业系统性风险

利润作为企业发展的核心要素,是衡量企业经营成果的重要指标。然而,对于高利润的追求,也可能成为企业发展的陷阱。独占高利润,虽然在短时间内为企业带来了丰厚的收益,但长远来看,这可能成为企业系统性风险的源头。高利润积累"大钱包"其实是个错觉,企业的高利润是用来买一个好未来的。本节就将深入剖析独占高利润背后潜藏的系统性风险,并提出相应的管理策略。

企业在市场上取得高利润,往往意味着其在某些方面具有竞争优势。然而,这种优势并不一定是持久的。当企业独占高利润时,可能会引来更多的竞争者。这些竞争者会通过模仿、创新等方式寻求市场份额,从而打破企业的垄断地位。企业在享受高利润的同时,也在为潜在的竞争者提供成长的空间和机会。这种由高利润带来的竞争者增长效应,可以说是培养竞争者的"温床"。

很多企业在取得高利润后,会用于扩大规模、提高市场份额等。然而,这种做法往往会带来一种错觉,即认为高利润可以无限积累。实际上,高利润的积累过程往往伴随着企业规模的扩大和市场竞争的加剧。随着时间的推移,企业的利润率可能会逐渐下降,甚至出现亏损。因此,将高利润视为可以无限积累的"大钱包"是一种不切实际的错觉。

企业的高利润往往是在特定的市场环境、技术条件和经营策略下取得的。然而,未来的市场环境和技术条件可能会发生变化,企业的经营策略也需不断调整。如果企业过于依赖过去的高利润，可能会忽视未来的变化和挑战，从而错失新的发展机遇或应对市场变化的能力。因此，企业的高利润其实是用来买一个好未来的。

综合上述分析可以得出，为了规避独占高利润带来的系统性风险，企业应采取以下管理策略。

（1）持续创新，保持竞争优势。企业应将创新作为保持竞争优势的关键要素。在取得高利润的同时，不断加大研发投入，关注行业发展趋势和新技术发展动态，以保持技术领先和产品差异化优势，降低潜在竞争者的威胁。

（2）建立风险预警机制。企业应建立完善的风险预警机制，对市场、技术、经营等方面进行全面监测和分析。及时发现潜在的竞争者、市场变化和技术更新等信息，为企业制定应对策略提供依据，以便更好地规避潜在风险。

（3）合理规划利润分配。企业既要有适当的利润积累用于扩大规模和研发创新，又要为未来的发展预留一定的资金储备。避免将所有利润用于盲目扩张或过度消费，保持企业的稳健发展。同时，企业应关注股东利益和员工福利的平衡，以实现企业与利益相关方的共赢。

（4）强化风险管理意识。企业应强化全体员工的风险管理意识，使每个人都能够充分认识到独占高利润背后潜藏的系统性风险。通过定期开展风险管理培训、案例分析等活动，提高员工的风险识别、评估和应对能力。同时，将风险管理纳入企业的战略规划和日常经营活动中，确保企业在追求高利润的同时，能够有效地防范和化解风险。

综上所述，企业在追求高利润的同时，应保持清醒的头脑和长远的眼光。通过持续创新、建立风险预警机制、合理规划利润分配、强化风险管理意识等策略措施，降低独占高利润带来的系统性风险，唯有如此，企业才能更好地把握未来的发展机遇，实现持续健康的发展。

企业产融模式设计需要防范金融风险

在当今的商业环境中,产融结合已经成为企业发展的一个重要趋势。通过产业与金融的深度融合,企业能够更好地实现资源优化配置、提升产业竞争力并拓展新的盈利模式。然而,企业在追求产融结合带来的高收益时,必须警惕其中潜藏的金融风险。本节将对企业产融模式设计中的金融风险防范进行深入探讨。

产融模式是指企业通过参股、控股等方式涉足金融领域,实现产业与金融的有机结合。这种模式能够帮助企业拓宽融资渠道、降低融资成本、优化资金配置并提高资金使用效率。同时,金融业务的收益能够为企业带来稳定的现金流,增强企业的抗风险能力和盈利能力。

然而,产融模式也存在较高风险。企业在开展金融业务时,可能会过度涉足高风险领域或盲目扩张,导致杠杆率过高、资金链紧张甚至出现重大金融风险。此外,随着金融市场的复杂性和不确定性的增加,企业在金融市场上的投资和交易也面临着更大的市场风险、信用风险和流动性风险。

关于金融市场风险,我们以企业上市为例来说明一二。随着市场经济的发展和企业竞争的加剧,越来越多的企业开始寻求上市以扩大规模、提升品牌和筹集资金。然而,企业上市有一个复杂而烦琐的过程,需要符合一系列的监管要求和法律法规。在这个过程中,企业必须全程合规,确保各项资料的真实性、准确性和完整性,否则可能会面临被驳回、被处罚甚至被退市的风险。此外,企业还需要与券商、会计师事务所、律师事务所等中介机构合作，确保各项准备工作符合监管要求和投资者的期望，而且这些中介机构的服务质量和专业水平直接关系到企业能否上市成功。正是因为按照正规流程上市太过麻烦，因此个别企业为了上市快、省事，选择"托人上市"的错误方式，导致上市请求被驳回，可能还会遭受相关处罚，更为致命的是可能因此而错过上市的最佳时机，影响企业发展。因此，如果企业在资本运作的过程中不克制贪婪，那么就一定会给企业带来普遍的风险。

一些人并不明白克制贪婪对企业发展的重要性，更不懂得如何规避资本运作的风险，导致过度追求资本运作的收益而忽视了风险控制和合规要求。例如，一些企业通过过度借贷、不适当的风险承担、违规担保等方式追求短期利益，导致资产负债表失衡、财务风险加剧等。这些问题不仅可能引发企业的财务危机，还可能对企业的声誉和长期发展造成严重影响。因此，企业在资本运作过程中应保持理性和克制，注重风险控制和合规要求。

为了在享受产融模式带来的优势的同时降低风险，企业在产融模式设计过程中应采取以下措施。

（1）明确战略定位与业务边界。企业在涉足金融领域前，应明确自身的战略定位和业务边界。企业应根据自身的主营业务、资源禀赋和市场竞争情况，确定金融业务的发展方向和规模。确保金融业务与主营业务相互促进、协同发展，避免盲目扩张和过度多元化。

（2）完善内部控制体系。企业应建立健全内部控制体系，确保产业与金融业务之间的风险隔离。通过制定严格的规章制度和操作规程，来规范金融业务的运作和管理，降低操作风险和道德风险。同时，加强内部审计和风险管理，及时发现和纠正存在的问题，确保内部控制的有效性。

（3）强化风险管理意识。企业应强化全体员工的风险管理意识，通过定期开展风险管理培训、案例分析等活动，提高员工的风险识别、评估和应对能力。同时，将风险管理纳入企业的战略规划和日常经营活动中，确保企业在追求产融结合的高收益时能够有效防范和化解风险。

（4）搭建风险预警机制。企业应建立完善的风险预警机制，对产融模式中可能出现的风险进行实时监测和分析。通过收集内外部信息、分析市场趋势和行业动态，及时发现潜在的风险点和薄弱环节。同时，制定应对策略和预案，确保在出现风险时能够迅速响应并采取有效措施进行防范和化解。

（5）合规经营与监管合作。企业应严格遵守相关法律法规和监管要求，确保产融模式的合规经营。与监管部门保持密切沟通与合作，及时了解政策动向和监管要求，确保企业产融模式设计与监管政策的合规性。同时，积极参与行业协会和自律组织活动，加强与其他企业的交流与合作，共同维护行业秩序和健康发展。

某大型企业集团在发展过程中逐步涉足金融领域，形成了以产业为核心、金融为辅助的产融结合模式。为了降低金融业务风险，该集团采取了五项措施（见图10-1）。通过这些措施的实施，该企业集团在享受产融结合带来的优势的同时有效降低了金融风险。

01	02	03	04	05
明确战略定位与业务边界，确保金融业务与主营业务协同发展	完善内部控制体系，实现产业与金融业务之间的风险隔离	强化风险管控意识，提高员工的风险识别和应对能力	建立风险预警机制，实时监测和分析潜在风险	合规经营与监管合作，确保产融模式的合规性

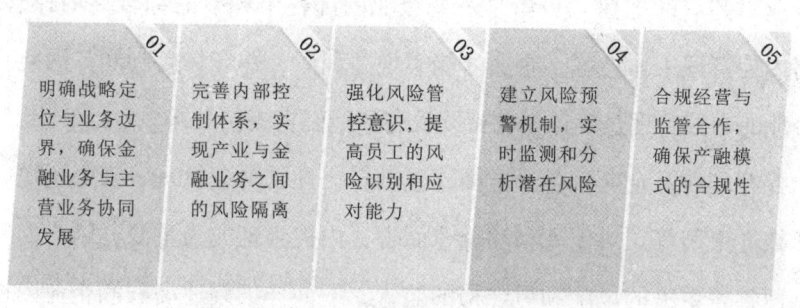

图10-1　某企业降低金融业务风险的措施

企业在追求产融结合带来的高收益时，应充分认识到其中潜藏的金融风险，并采取有效措施进行防范。通过明确战略定位与业务边界、完善内部控制体系、强化风险管理意识、建立风险预警机制以及合规经营与监管合作等措施的实施，确保企业在享受产融结合带来的优势同时能够降低金融风险，实现企业的持续健康发展。

高利润企业的内控管理

利润是企业经营的核心目标,而利润的来源则多种多样。首先,资本是利润的基石,无论是企业创立还是扩张,都需要足够的资本来支持。其次,管理是利润的重要来源,优秀的管理者能够通过制定有效的策略、优化流程、降低成本等方式提高企业的盈利能力。此外,税务和会计也是利润的关键因素。合理的税务筹划能够降低企业的税务负担,而精确的会计处理则能确保企业财务信息的真实性和准确性,从而影响企业的利润。综上,资本、管理、税务和会计都是利润的重要来源,它们共同构成了企业的盈利体系,对企业的发展和盈利能力有着深远的影响。

企业对利润的把控,更像是一场企业内部各个环节的综合性内控管理。只有将内控管理工作做好,企业才能实现高利润,并守住高利润。因此,高利润企业的内控管理是确保企业持续盈利和稳健发展的关键。

内控管理涉及企业的各个方面,包括合规性、财务管理、人力资源、规模与稀缺性平衡等。对于高利润企业而言,内控管理尤为重要,因为这些企业通常面临着更大的风险和更严格的监管。下面详细阐述高利润企业内控管理的重要方面。

1. 商业模式的合规性是第一要务

在当今的商业环境中,企业不仅需要关注自身的盈利,更需要关注其在整个产业链中的角色和责任。合法合规不仅是对法律的遵守,更是对商业伦理、社会责任的践行。一个守法的企业,能够赢得合作伙伴的信任,成为产业链中的稳定力量，为整个产业的健康发展做出贡献。

要实现这一目标，企业经营者需要具备全面的知识结构，包括但不限于法律知识、商业知识、行业知识和道德知识等。法律知识是合规的基础，能够确保企业在法律允许的范围内开展业务；商业知识有助于理解行业的运作规律，制定合理的商业模式；行业知识能够使企业更好地理解产业链的需求和挑战；道德知识能够引导企业做出符合社会价值的决策。

在有了足够的知识储备之后，企业经营者应着力建立更为完善的合规监督体系。这一体系应覆盖企业的各个方面，从市场策略、产品研发、生产制造到销售服务。合规监督体系不仅应包括内部监督，还应包括第三方审计和社会监督。内部监督可以确保企业内部运作的合规性，第三方审计可以提供更为客观的评价，而社会监督能够增强企业的透明度，提升公众信任度。

既然商业模式的合规性关乎企业的生存和长远发展，除了经营者的知识结构层面和合规监督体系，还应从另外五个方面扩展说明为什么合规性如此重要（见图10-2）。

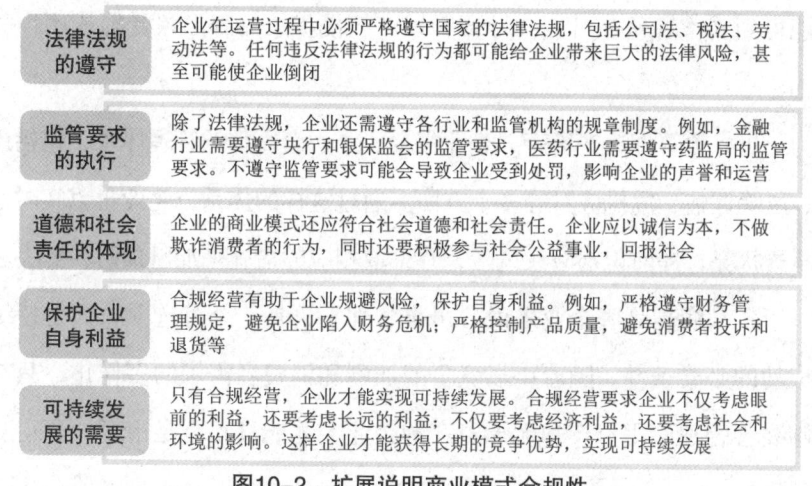

法律法规的遵守	企业在运营过程中必须严格遵守国家的法律法规，包括公司法、税法、劳动法等。任何违反法律法规的行为都可能给企业带来巨大的法律风险，甚至可能使企业倒闭
监管要求的执行	除了法律法规，企业还需遵守各行业和监管机构的规章制度。例如，金融行业需要遵守央行和银保监会的监管要求，医药行业需要遵守药监局的监管要求。不遵守监管要求可能会导致企业受到处罚，影响企业的声誉和运营
道德和社会责任的体现	企业的商业模式还应符合社会道德和社会责任。企业应以诚信为本，不做欺诈消费者的行为，同时还要积极参与社会公益事业，回报社会
保护企业自身利益	合规经营有助于企业规避风险，保护自身利益。例如，严格遵守财务管理规定，避免企业陷入财务危机；严格控制产品质量，避免消费者投诉和退货等
可持续发展的需要	只有合规经营，企业才能实现可持续发展。合规经营要求企业不仅考虑眼前的利益，还要考虑长远的利益；不仅要考虑经济利益，还要考虑社会和环境的影响。这样企业才能获得长期的竞争优势，实现可持续发展

图10-2 扩展说明商业模式合规性

总的来说，商业模式的合规性涉及企业的方方面面，是企业生存和发展的基石。企业必须始终将合规性放在首位，才能确保其长期的稳定和成功。

2. 高利润高品牌企业需要更好的声誉

作为市场上的佼佼者，高利润高品牌企业需要进行更好的声誉管理。这是因为，对于这些企业来说，信用资产和无形资产的管理至关重要，它们是确保企业持续增长和盈利的关键。

首先，信用资产是此类企业赖以生存的基石。企业的信誉不仅关乎对外界的影响，更是企业内部协作和高效运营的保障。一个值得信赖的品牌意味着供应商、合作伙伴和员工都愿意与之共事。在商业交易中，这种信任可以降低交易成本，提高运营效率。反之，一旦信誉受损，即便是轻微的质疑，也可能导致供应商的不信任、用户的流失和股价的波动。因此，维护和提升企业的信用资产，是高利润高品牌企业不可或缺的长期战略。

与此同时，无形资产的管理也是关键的一环，其主要包括企业的知识产权、品牌形象、用户关系以及组织文化等。这些无形资产虽然难以用货币衡量，但却为企业创造了巨大的价值。例如，强大的品牌形象可以提升用户忠诚度，而深厚的组织文化则能吸引和留住顶尖人才。反之，如果这些无形资产未能得到妥善管理，可能会导致知识产权侵权、品牌形象受损或用户关系的疏远。

为了更好地管理这些资产，企业需要建立一套完整的管理体系，包括内部审计、风险评估、危机应对等多个方面。通过这样的体系，企业可以实时监测自身声誉状况，提前识别潜在风险，并采取相应的措施来加以预防和解决。

对于高利润高品牌企业来说，声誉管理不再是一个可选项，而是持续发展和成功的必要条件。随着市场竞争的加剧和消费者需求的多样化，只有那些能够妥善管理信用资产和无形资产的企业，才能真正立足市场，赢得长期的竞争优势。

3. 全员合规和流程监管

必须承认，全员合规和流程监管是企业经营过程中的一大挑战，尤其是在涉及一线员工和基层管理者的情况下。虽然一线员工的责任范围窄小，但有时候往往会因为他们犯的一个小小的错误而给企业造成巨大的伤害。因此，一线员工和基层管理者是企业运营的基础，他们的工作质量和行为直接影响到企业的运营效率和用户满意度。通过流程监管，企业可以确保每个员工都按照规定的流程和标准进行工作，从而提高工作效率和用户满意度。

以下是一些一线员工和基层管理者可能会给企业带来不对称伤害的情境，以及如何预防或减轻这些伤害的建议。

（1）一线员工的操作失误。在高度自动化的生产环境下，一个简单的操作失误可能导致整个生产线停滞，从而给企业造成重大经济损失。针对此，企业可以通过定期的培训、复训和操作考核，来确保员工熟悉并能够准确执行操作。

（2）基层管理者的决策失误。由于过度关注短期效益或对宏观情况了解不足，基层管理者可能会做出不利于企业的长期决策。针对此，企业可以通过为基层管理者提供持续的管理培训、增强战略意识、培养长远眼光来帮助他们作出更明智的决策。

（3）道德风险。在某些情况下，员工有可能会为了个人利益而采取不正当手段损害企业利益，如篡改数据、偷窃等。针对此，企业可以通过建立严格的道德规范、加强内部审计和监管，以及对违规行为做出严厉的处罚等方式来避免或减少这种情况的发生。

（4）信息泄露。因为工作的原因，一线员工和基层管理者有时会接触到企业的敏感信息，如用户资料、技术秘密等，这样就可能会导致出现信息泄露。针对此，企业可以通过实施严格的信息安全政策和合规培训，来确保员工明白保守机密的责任。

（5）与外部的非法勾结。这种情况较为罕见，但也值得警惕。针对此，企业要确保所有员工都明白合规的重要性，并对任何形式的违法行为保持零容忍态度。

（6）对内部流程的滥用。例如，利用采购流程为个人谋取私利。针对此，企业需建立健全内部控制体系和独立的审计机制，确保流程的透明和公平。

（7）对用户或供应商的不当行为。如服务态度不佳、滥用市场地位等。针对此，企业可通过提供用户服务培训、建立投诉机制和严格的用户服务标准来进行管理。

为了实现全员合规和流程监督，企业需要建立一套完整、系统的方法来管理员工行为，确保所有员工都明确了解企业的合规要求，知道在面临压力或诱惑时应如何行事，并了解违规行为的后果。针对此，具体的做法包括对一线员工和基层管理者进行培训和教育，要求高层领导者积极参与并做出承诺，对一线员工、基层管理者、高层领导者等进行持续监督等。

此外，有效的沟通和反馈机制也是关键。企业应定期收集员工的意见和建议，及时解决他们的问题和困惑，确保他们知道自己的工作是如何与企业的整体目标相联系的。这样既可以增强员工的归属感，又能够提高他们的工作满意度和绩效，从而降低他们给企业带来不对称伤害的风险。

4. 平衡内控矛盾——高利润和企业规模的悖论

在企业经营中，高利润和大规模看似是每个企业的终极追求，但实际上，高利润和企业规模之间存在着一定的矛盾和制约问题。内控矛盾便是在这种背景下产生的，其涉及企业内部管理和外部竞争等多个层面。要改变这种情况，需要做到以下三个方面。

（1）保持适度规模。为了实现高利润，企业必须确保自己在市场上的竞争地位。这要求企业要有一定的规模，因为规模效应往往可以降低成本，提高生产效率。然而，企业规模的扩大也可能带来管理难度的增加、市场过度饱和等问题。因此，适度规模是企业追求高利润时必须考虑的问题。

（2）稀缺性是关键。除了规模，稀缺性也是获取高利润的重要因素。稀缺性意味着企业在市场上的独特地位，即企业拥有其他企业所没有的资源或能力，这种资源和能力，既可以提高企业的市场竞争力，也可以使企业获得更高的利润率。为了实现稀缺性，企业需要不断创新、保持敏锐的市场洞察力，以及构建和维护核心竞争力。

（3）内控矛盾的平衡。内控矛盾是企业内部管理和外部环境之间的不协调。例如，企业可能面临扩张与风险控制之间的矛盾、短期利润与长期发展之间的矛盾等。这些矛盾的平衡是企业在追求高利润时必须解决的难题。企业需要在管理和决策中寻求平衡，以确保其内部运作与外部环境相协调，从而在追求高利润的同时保持可持续发展。

总之，平衡内控矛盾是企业在追求高利润过程中必须关注的问题。要实现高利润并保持可持续发展，企业需要找到规模与稀缺性之间的平衡点，并妥善处理内控矛盾。这需要企业在管理、战略和决策中不断调整和创新，以确保其在市场竞争中的优势地位。

高利润企业的财税管理

随着中国经济的快速发展，越来越多的企业开始关注财税管理，特别是高利润企业。但高利润企业在商业模式创新过程中仍然会面临多方面的税务风险，其中最常见的是税务合规风险、利润转移风险、政策变化风险和信息披露风险等。

税务合规风险主要源于企业未能按照税法规定进行税务申报、缴纳税款等行为，从而可能面临税务行政处罚、税务稽查、补缴税款等后果。为了降低税务合规风险，企业应加强内部管理，建立完善的税务管理制度，确保税务申报的准确性和及时性。同时，企业还应密切关注税法政策的变化，及时调整税务策略，确保合规经营。

利润转移风险是指企业为了避税或其他目的，通过内部交易、资本结构调整等手段将利润转移到低税区或避税地。然而，这种利润转移行为会引发税务部门的关注，导致税务稽查、补缴税款等后果。为了降低利润转移风险，企业应合理规划内部交易和资本结构调整。

政策变化风险是指税法政策的变化对企业税务策略产生影响，导致企业需要调整税务策略以适应新的政策环境。为了降低政策变化风险，企业应密切关注税法政策的变化，及时了解新政策对企业税务策略的影响。同时，企业还应加强与税务部门的沟通，确保在新政策下仍然保持税务合规。

信息披露风险是指企业在税务申报、财务报表等公开信息中披露不当或遗漏重要信息，导致引发税务部门的关注或投资者的质疑。为了降低信息披露风险，企业应加强信息披露管理，确保公开信息的真实、准确和完整。同时，企业还应加强与投资者和税务部门的沟通，及时解释和澄清相关信息。

只有在充分考虑并有效应对这些税务风险的前提下，企业才能在高利润商业模式中实现稳健发展。

当然，要求企业进行合理的财税操作并不是要剥夺企业相关的灵活性，而是要通过合理的财税操作流程降低企业的税务风险，以提高企业的利润水平。下面将重点探讨高利润企业的合理财税操作流程，包括常规经营、企业上市、业务与财务结合、产融模式等方面。

1. 企业常规经营的合理财税操作流程

企业常规经营的合理财税操作流程包括利润计算与确认、税务处理、风险管理、合规监控等。

（1）利润计算与确认。这包括三个方面：①明确收入确认原则：按照会计准则，确保所有收入均已入账。②准确核算成本：合理分摊期间费用，准确核算直接成本。③遵循权责发生制原则：不论款项是否收付，均按权利和责任确认收入和费用。

（2）税务申报基础。这分为三个方面：①按时申报：确保按时完成增值税、所得税等申报。②完整提交：确保所有必要资料和凭证均已提交。③准确性：确保数据准确，避免因错误导致额外税务风险。

（3）税务合规管理。这分为三个方面：①深入研究税收法规：了解并利用税收优惠政策。②合理规划税务：如合理安排企业重组、投资等，降低税务负担。③合规咨询：定期咨询专业机构，避免产生税务合规风险。

（4）财税操作风险管理。这分为三个方面：①识别风险：明确可能影响财税操作的内外部风险因素。②风险评估：对识别出的风险进行量化和评估。③风险应对：制定并实施风险管理措施，如建立内部控制系统。

（5）持续合规监控。这分为两个方面：①内部监控：建立内部审计机制，定期检查财税操作的合规性。②外部监管：关注税收政策变化，配合税务部门检查，确保合规。

2. 企业上市的合理财税操作流程

对于高利润企业而言，上市是一项重要的战略选择。通过上市，企业可以获得更多的融资机会，提高品牌知名度，拓展市场份额。然而，上市过程中涉及的财税问题也十分重要，有一些关键的财税操作流程需要关注。

（1）股份制改造。企业上市前需要进行股份制改造，将企业组织形式由有限责任公司转变为股份有限公司。在这个过程中，企业需要关注税务问题，如企业所得税、个人所得税、土地增值税等。

（2）资产评估。企业上市前需要进行资产评估，确定企业的净资产值。在这个过程中，企业需要选择合适的评估方法，确保评估结果的真实、客观、公正。

（3）利润分配。企业上市后需要进行利润分配，如派发现金红利、股票股利等。在这个过程中，企业需要遵守相关税法规定，确保利润分配的合法性。

（4）税务清算。企业上市后需要进行税务清算，将企业的税务问题进行清理和解决。在这个过程中，企业需要按照税法规定进行清算，确保税务清算的合法性和准确性。

3. 企业业务与财务结合的合理财税操作流程

对于高利润企业而言，业务与财务的结合是实现可持续发展的重要保障。合理的财税操作流程可以帮助企业实现业务与财务的有效结合，具体做法是重点要在合同、采购、销售、库存等方面的管理上做好税务工作。

（1）合同管理。企业应对合同进行分类、归档和保管。在合同签订前，对合同条款进行仔细审查，确保合同符合税法规定；在合同履行过程中，及时收集发票、收据等凭证，确保税务处理的及时性和准确性。

（2）采购管理。企业应对供应商进行评估和选择。在采购过程中，及时与供应商沟通税务问题，确保采购成本的合法性和合理性。同时，企业应注意收集和保存采购凭证，以便进行税务处理。

（3）销售管理。企业应对用户进行分类、信用评估和风险管理。在销售过程中，与用户沟通税务问题，确保销售收入的合法性和准确性。同时，企业应注意收集和保存销售凭证，以便进行税务处理。

（4）库存管理。企业应对存货进行分类、保管和盘点。在库存管理中，应注意防范存货损失和减值风险。同时，企业应及时处理过期和损坏存货，确保税务处理的及时性和准确性

4. 企业产融模式的合理财税操作流程

产融模式是产业与金融的有效结合，是高利润企业实现持续发展的重要手段。合理的财税操作流程可以帮助企业实现产融模式的有效结合。

（1）资产证券化。资产证券化是一种将缺乏流动性但能够产生可预见性的稳定现金流的资产转化为有价证券的过程。通过资产证券化，企业可以将资产变现，提高资金使用效率。在资产证券化过程中，企业需要关注税务问题，如印花税、所得税等。

（2）融资租赁。融资租赁是一种将资产所有权与使用权分离的融资方式。通过融资租赁，企业可以获得所需的设备和资产，降低资金成本和财务风险。在融资租赁过程中，企业需要关注税务问题，如增值税、关税等。

（3）风险投资。风险投资是一种将资金投向具有高风险和高回报领域或项目的投资方式。通过风险投资，企业可以获得更多的融资机会和发展空间。在风险投资过程中，企业需要关注税务问题，如所得税、资本利得税等。

（4）股权投资。股权投资是企业通过投资获得被投资企业的股权，从而获得被投资企业的股东权利和分红收益。通过股权投资，企业可以拓展业务范围和市场份额。在股权投资过程中，企业需要关注税务问题，如所得税、分红收益税等。

综上所述，为了降低企业的税务风险和提高利润水平，高利润企业需要建立健全财税管理制度和内部控制机制，加强业务与财务的结合和产融模式的运用。同时，高利润企业需要时刻关注税收政策的变化和调整，以及时对财税策略和操作流程做出调整，从而让自己适应不断变化的市场环境和发展新需求。

结　语

在商业世界里,高利润往往被视为企业成功的标志。但为何某些企业能获得高利润,而有些却不能呢?其核心就在于一个简单的词汇——需求。所有的高利润模式,究其根本,都是需求的产物。只有满足了市场需求,企业才能获得高额的回报。

商业模式的核心在于洞察需求、满足需求并创造价值。在这个过程中,人才起到了至关重要的作用。融通性的人才不仅具备专业技能,更拥有敏锐的市场触觉和人际关系处理能力。他们能够深入了解消费者需求,并为企业提供满足这些需求的策略和方案。正是这些人才,帮助企业构建起了成功的商业模式。

完善的人格是实现商业模式创新的关键。一个具备完善人格的管理者或员工,不仅能够完成任务,更能看到未来的趋势,引领企业走向下一轮的成功。人格的完善不仅是道德层面的要求,更包括对商业伦理、社会责任等方面的深刻理解。

商业模式升级的背后,实际上是人格的升级。当企业开始真正关心利益相关者的需求,将其视为有情感、有需求的真实个体,而不是简单的交易对象时,商业模式自然会随之升级。这种转变不是刻意的,而是源于对人的尊重和对市场的敬畏。

高利润模式的本质是高价值创造力。那些仅希望通过某种"模式"快速获取利润的企业，往往是短视的。真正的成功模式是基于对市场和消费者的深入了解，通过创造高价值来实现高利润。投机者往往只看重眼前的利益，而忽视了长远的价值创造。

我们所处的时代，是一个对"好"有更高追求的时代。这不仅体现在产品和服务的质量上，更体现在企业与消费者之间的关系上。"好人"和"硬功夫"并存的时代意味着仅有好的理念是不够的，还需要通过实际行动来证明自己的价值。

综上所述，高利润模式的打造并非一蹴而就，它需要深入洞察市场需求，借助融通性人才的力量不断进行人格的完善和提升，真正关心利益相关者并创造高价值。在这个过程中，企业不仅实现了商业成功，更积累了宝贵的品牌资产和社会声誉。